5年

実力アップ 英語 練習ノート

ふろく英語カードの練習ができる！

年	組	名前

1 家族 ①

■ 読みながらなぞって、もう1回書きましょう。

①

family
家族

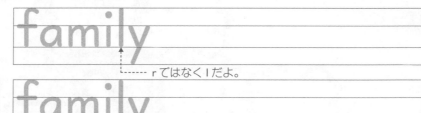

family

------- r ではなく l だよ。

family

②

father
お父さん

father

father

③

mother
お母さん

mother

------- a ではなく o だよ。

mother

④

brother
お兄さん、弟

brother

brother

⑤

sister
お姉さん、妹

sister

------- a ではなく e だよ。

sister

2 家族 ② / 食べ物・飲み物 ①

✖ 読みながらなぞって、もう 1 回書きましょう。

⑥

grandfather

grandfather

おじいさん

------ a ではなく e だよ。

⑦

grandmother

grandmother

おばあさん

⑧

curry and rice

curry and rice

カレーライス

⑨

steak

steak

steak

ステーキ

steak

⑩

hot dog

hot dog

------ 間を少しあけるよ。

hot dog

ホットドッグ

hot dog

3　食べ物・飲み物 ②

❖ 読みながらなぞって、もう1回書きましょう。

⑪

spaghetti

------ h をわすれずに！

spaghetti
スパゲッティ

⑫

French fries

French fries
フライドポテト

⑬

fried chicken

------ i ではなく e だよ。

fried chicken
フライドチキン

⑭

grilled fish

grilled fish
焼き魚

⑮

rice ball

rice ball

rice ball
おにぎり

4 食べ物・飲み物 ③／楽器 ①

📚 読みながらなぞって、もう1回書きましょう。

⑯

noodle

めん

noodle

o を2つ重ねるよ。

noodle

⑰

parfait

パフェ

parfait

e ではなく a だよ。

parfait

⑱

soda

ソーダ

soda

soda

⑲

piano

ピアノ

piano

piano

⑳

recorder

リコーダー

recorder

a ではなく e だよ。

5 楽器 ② / スポーツ ①

💥 読みながらなぞって、もう1回書きましょう。

㉑

guitar
ギター

guitar

┈┈┈┈ u をわすれずに！

guitar

㉒

violin
バイオリン

violin

violin

㉓

drum
太鼓

drum

┈┈┈┈ a ではなく u だよ。

drum

㉔

sport
スポーツ

sport

sport

㉕

volleyball
バレーボール

volleyball

6 スポーツ ② / 身の回りの物 ①

■ 読みながらなぞって、もう 1 回書きましょう。

㉖

table tennis
卓球

table tennis

┄┄┄ e ではなく a だよ。

㉗

badminton
バドミントン

badminton

㉘

dodgeball
ドッジボール

dodgeball

┄┄┄ l を 2 つ重ねるよ。

㉙

basket
かご

basket

basket

㉚

map
地図

map

map

7 身の回りの物 ②

📖 読みながらなぞって、もう１回書きましょう。

㉛

pencil case

┈┈┈┈ k ではなく c だよ。

pencil case
筆箱

㉜

ball

ball

ball
ボール

㉝

glove

┈┈┈┈ r ではなく l だよ。

glove

glove
グローブ

㉞

chair

chair

chair
いす

㉟

clock

clock

clock
かけ時計、置き時計

8 身の回りの物 ③ / 教科 ①

📖 **読みながらなぞって、もう1回書きましょう。**

㊱

calendar
カレンダー

calendar

㊲

computer
コンピューター

computer

┄┄┄┄ a ではなく e だよ。

㊳

sofa
ソファー

sofa

sofa

㊴

subjects
教科

subjects

subjects

㊵

Japanese
国語

Japanese

┄┄┄┄ i ではなく e だよ。

9 教科 ②

読みながらなぞって、もう1回書きましょう。

㊶
math
算数

math

math

㊷
science
理科

science

 c をわすれずに！

science

㊸
social studies
社会科

social studies

 a ではなく u だよ。

㊹
English
英語

English

いつも大文字で始めるよ。

English

㊺
P.E.
体育

P.E.

P.E.

10 教科 ③

🟦 **読みながらなぞって、もう1回書きましょう。**

㊻

music

音楽

music

┄┄┄┄┄ kではなくcだよ。

music

㊼

arts and crafts

図画工作

arts and crafts

㊽

home economics

家庭科

home economics

㊾

calligraphy

書写

calligraphy

┄┄┄┄┄ lを2つ重ねるよ。

11 曜日 ①

読みながらなぞって、もう1回書きましょう。

⑤⓪

Sunday

日曜日

Sunday

------ a ではなく u だよ。

Sunday

⑤①

Monday

月曜日

Monday

------ 曜日は大文字で書き始めるよ。

Monday

⑤②

Tuesday

火曜日

Tuesday

------ e をわすれずに！

Tuesday

⑤③

Wednesday

水曜日

Wednesday

⑤④

Thursday

木曜日

Thursday

------ e ではなく a だよ。

12 曜日 ② / 時を表すことば

🔲 読みながらなぞって、もう1回書きましょう。

㊺

Friday

金曜日

㊻

Saturday

土曜日

a ではなく u だよ。

㊼

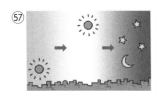

day

日、1日

㊽

week

週

e を2つ重ねるよ。

㊾

weekend

週末

13 季節

🔖 読みながらなぞって、もう1回書きましょう。

⑥⓪

season

季節

season

----- u ではなく o だよ。

season

⑥①

spring

春

spring

spring

⑥②

summer

夏

summer

----- m を2つ重ねるよ。

summer

⑥③

fall

秋

fall

----- o ではなく a だよ。

fall

⑥④

winter

冬

winter

winter

14 月 ①

■ 読みながらなぞって、もう1回書きましょう。

⑥⑤

January
1月

January

------ 月は大文字で書き始めるよ。

January

⑥⑥

February
2月

February

⑥⑦

March
3月

March

March

⑥⑧

April
4月

April

------ lで終わるよ。

April

15 月 ②

📖 読みながらなぞって、もう1回書きましょう。

⑥⑨ May

May
5月

May

e ではなく a だよ。

May

⑦⓪

June
6月

June

June

⑦① July
7月

July

r ではなく l だよ。

July

⑦② August
8月

August

August

16 月 ③

🌸 **読みながらなぞって、もう 1 回書きましょう。**

⑦

September

9 月

September

╌╌╌╌╌╌ 9 月から 12 月は ber で終わるよ。

⑦

October

10月

October

October

⑦

November

11月

November

╌╌╌╌╌ n ではなく m だよ。

⑦

December

12月

December

17 しょくぎょう 職業 ①

❖ 読みながらなぞって、もう1回書きましょう。

⑦

teacher
先生

teacher

└----- a をわすれずに！

teacher

⑧
student
生徒、学生

student

student

⑨
baseball player
野球選手

baseball player

⑩
doctor
医者

doctor

└----- a ではなく o だよ。

doctor

⑪

nurse
かんごし
看護師

nurse

nurse

18 職業 ②
しょくぎょう

❀ 読みながらなぞって、もう1回書きましょう。

⑧²

police officer
警察官
けいさつ

police officer

⑧³

fire fighter
消防士
しょうぼう し

fire fighter

⑧⁴

florist
生花店の店員

florist

florist

⑧⁵

baker
パン焼き職人
しょくにん

baker

------ er で終わるよ。

baker

⑧⁶

farmer
農場主

farmer

farmer

19 職業 ③

しょくぎょう

読みながらなぞって、もう1回書きましょう。

⑧⑦
bus driver
バスの運転手

bus driver

⑧⑧
pilot
パイロット

pilot

↑ rではなくlだよ。

pilot

⑧⑨
singer
歌手

singer

singer

⑨⓪
programmer
プログラマー

programmer

⑨①
actor
はいゆう
俳優、役者

actor

↑ aではなくoだよ。

actor

20 施設・建物 ①

読みながらなぞって、もう１回書きましょう。

⑨② house 家

a ではなく o だよ。

⑨③ school 学校

o を２つ重ねるよ。

⑨④  park 公園

⑨⑤  shop 店

⑨⑥ 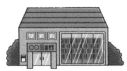 library 図書館

r ではなく l だよ。

21 施設・建物 ②

しせつ

📖 読みながらなぞって、もう1回書きましょう。

⑨⑦

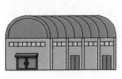

gym

体育館

gym

↑ーーーー i ではなく y だよ。

gym

⑨⑧

restaurant

レストラン

restaurant

⑨⑨

supermarket

スーパーマーケット

supermarket

┆ーーーー a ではなく e だよ。

⑩⓪

station

駅

station

station

⑩①

police station

けいさつしょ
警察署

police station

22 施設・建物 ③

しせつ

読みながらなぞって、もう 1 回書きましょう。

⑩

fire station
しょうぼうしょ
消防署

fire station

⌐------- e をわすれずに！

---

⑩

gas station

ガソリンスタンド

gas station

---

⑩

hospital

病院

hospital

hospital

---

⑩

museum
び じゅつ
美術館、博物館

museum

⌐------- a ではなく u だよ。

museum

---

⑩

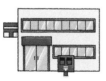

post office
ゆうびん
郵便局

post office

23 施設・建物 ④

 読みながらなぞって、もう1回書きましょう。

⑩⑦

bus stop
バス停

bus stop

------- a ではなく u だよ。

⑩⑧

flower shop
生花店、花屋さん

flower shop

⑩⑨

hotel
ホテル

hotel

hotel

⑪⑩

farm
農場

farm

------- r をわすれずに！

farm

24 様子・状態を表すことば ①

読みながらなぞって、もう1回書きましょう。

⑪
big
大きい

big

big

⑫
small
小さい

lを2つ重ねるよ。

small

⑬
long
長い

long

long

⑭
short
短い

rをわすれずに！

short

25 様子・状態を表すことば ②

📖 読みながらなぞって、もう1回書きましょう。

⑮

new
新しい

new

new

⑯

old
古い

old

old

⑰

kind
親切な

kind

kind

⑱

cool
かっこいい

cool

┈┈ o を2つ重ねるよ。

cool

⑲

famous
有名な

famous

 ┈┈ a ではなく o だよ。

famous

26 様子・状態を表すことば ③

 読みながらなぞって、もう1回書きましょう。

⑫0

strong

強い

⑫1

active

活動的な

------ e をわすれずに！

active

⑫2

smart

利口な

smart

smart

⑫3

cute

かわいい

cute

------ o ではなく e だよ。

cute

⑫4

friendly

友好的な

friendly

------ r ではなく l だよ。

friendly

27 動作を表すことば ①

読みながらなぞって、もう1回書きましょう。

⑫⑤
play
（スポーツなどを）する、
演奏する

play
r ではなく l だよ。
play

⑫⑥
have
ある、持っている

have
have

⑫⑦
like
好きである

like
like

⑫⑧
want
ほしい

want
want

⑫⑨
eat
食べる

eat
つづりのまちがいに気をつけよう。
eat

28 動作を表すことば ②

読みながらなぞって、もう 1 回書きましょう。

(130)

walk
歩く

walk
walk

(131)

run
走る

run
a ではなく u だよ。
run

(132)

jump
跳ぶ

jump
jump

(133)

speak
話す

speak
speak

(134)

see
見る、見える

see
e を２つ重ねるよ。
see

29 動作を表すことば ③

読みながらなぞって、もう 1 回書きましょう。

⑬⑤

sing
歌う

sing

sing

⑬⑥

dance
おど
踊る

dance

 s ではなく c だよ。

dance

⑬⑦

cook
料理をする

cook

cook

⑬⑧

buy
買う

buy

------ a ではなく u だよ。

buy

⑬⑨

help
手伝う

help

help

30 動作を表すことば ④ / 日課 ①

📖 読みながらなぞって、もう 1 回書きましょう。

⑭⓪

ski

スキーをする

ski

ski

⑭①

skate

‥‥‥‥ e で終わるよ。

skate

skate

スケートをする

⑭②

fly

fly

fly

飛ぶ

⑭③

get up

‥‥‥‥ 間をあけるよ。

get up

get up

起きる

⑭④

go to school

go to school

学校へ行く

31 日課 ②

読みながらなぞって、もう1回書きましょう。

⑭⑤
go home
家へ帰る

go home

go home

⑭⑥
do my homework
宿題をする

do my homework

┄┄┄ u ではなく o だよ。

⑭⑦
watch TV
テレビを見る

watch TV

⑭⑧
take a bath
風呂に入る

take a bath

┄┄┄ e で終わるよ。

⑭⑨
go to bed
ねる

go to bed

わくわくポスター

英語 5年 町にあるもの・月と季節・日課・数

音声

教科書ワーク

hospital 病院
library 図書館
park 公園
restaurant レストラン
school 学校
station 駅 ♪p01

supermarket スーパーマーケット
zoo 動物園
fire station 消防署
police station 警察署
post office 郵便局
department store デパート

♪p02

January 1月
February 2月
March 3月
April 4月
May 5月
June 6月
July 7月
August 8月
September 9月
October 10月
November 11月
December 12月

spring 春
summer 夏
fall / autumn 秋
winter 冬

♪p03

get up 起きる
wash my face 顔をあらう
brush my teeth 歯をみがく
go to school 学校へ行く
go home 家へ帰る
clean my room 部屋のそうじをする
wash the dishes 皿をあらう
go to bed ねる

1 one	2 two	3 three	4 four	5 five	6 six	7 seven	8 eight	9 nine	10 ten	11 eleven	12 twelve	13 thirteen	14 fourteen	15 fifteen	16 sixteen
17 seventeen	18 eighteen	19 nineteen	20 twenty	30 thirty	40 forty	50 fifty	60 sixty	70 seventy	80 eighty	90 ninety	91 ninety-one	92 ninety-two
93 ninety-three	94 ninety-four	95 ninety-five	96 ninety-six	97 ninety-seven	98 ninety-eight	99 ninety-nine	100 one hundred

Number ♪p04

わくわく英語カード

教科書ワーク 5年 1〜76

スピーキングアプリ対応 📱

わくわく英語カード

教科書ワーク 5年 77〜156

スピーキングアプリ対応 📱

使い方

① 切りはなして、リングなどでとじます。

② 音声に続けて言いましょう。音声はこちらから聞くことができます。

📲 音声

③ 日本語を見て英語を言いましょう。

▶ 英語が言えたら

▶ 覚えて何回も言えたら

▶ かんぺきだと思ったら

それぞれのアイコンを丸で囲みましょう。

---

1 家族

2 お父さん

3 お母さん

4 お兄さん、弟

5 お姉さん、妹

6 おじいさん

7 おばあさん

8 カレーライス

9 ステーキ

10 ホットドッグ

11 スパゲッティ

12 フライドポテト

13 フライドチキン

14 焼き魚

15 おにぎり

16 めん

うら面の英語を見て、
日本語を言えるかな？

教科書ワーク 英語 5年
付録 単語カード 1〜76

付録のスピーキングアプリを
いっしょに使って、
発音の練習もしてみよう！

教科書ワーク 英語 5年
付録 単語カード 77〜156

---

1 ♪c01
family

2 ♪c01
father
「両親」は parents と言うよ。

3 ♪c01
mother

4 ♪c01
brother

5 ♪c01
sister

6 ♪c01
grandfather
「祖父母」は grandparents と言うよ。

7 ♪c01
grandmother

8 ♪c02
curry and rice

9 ♪c02
steak
とくに「ビーフステーキ」のことを言うよ。

10 ♪c02
hot dog

11 ♪c02
spaghetti

12 ♪c02
French fries
French は「フランスの」という意味だよ。

13 ♪c02
fried chicken
fried は「(油で)あげた」という意味だよ。

14 ♪c02
grilled fish

15 ♪c02
rice ball

16 ♪c02
noodle
ふつう noodles の形で使うよ。

17 パフェ	21 ギター	25 バレーボール	29 かご	33
18 ソーダ	22 バイオリン	26 卓球（たっきゅう）	30 地図	34
19 ピアノ	23 太鼓（たいこ）	27 バドミントン	31 筆箱	35
20 リコーダー	24 スポーツ	28 ドッジボール	32 ボール	36 カレンダー

No.	Word	Audio
17	parfait	c02
18	soda	c02
19	piano	c03
20	recorder	c03
21	guitar	c03
22	violin	c03
23	drum	c03
24	sport	c04
25	volleyball	c04
26	table tennis	c04
27	badminton	c04
28	dodgeball	c04
29	basket	c05
30	map	c05
31	pencil case	c05
32	ball	c05
33	glove	c05
34	chair	c05
35	clock	c05
36	calendar	c05

23 drum — drumsと複数形にすると「ドラム」という意味だよ。

33 glove — 「(1組の)手ぶくろ」は複数形のgloves だよ。

35 clock — 「うで時計」は watch と言うよ。

37　コンピューター

38　ソファー

39　教科

40　国語

41　算数
$$\frac{1}{2}+\frac{1}{3}=\frac{5}{6}$$

42　理科

43　社会科

44　英語

45　体育

46　音楽

47　図画工作

48　家庭科

49　書写

50　日曜日

51　月曜日

52　火曜日

53　水曜日

54　木曜日

55　金曜日

56　土曜日

♪ c05	37	computer
♪ c05	38	sofa
♪ c06	39	subjects
♪ c06	40	Japanese 「日本人」「日本の」という意味もあるよ。
♪ c06	41	math
♪ c06	42	science
♪ c06	43	social studies
♪ c06	44	English
♪ c06	45	P.E.
♪ c06	46	music
♪ c06	47	arts and crafts
♪ c06	48	home economics
♪ c06	49	calligraphy
♪ c07	50	Sunday 曜日はすべて大文字で始まるよ。
♪ c07	51	Monday
♪ c07	52	Tuesday
♪ c07	53	Wednesday
♪ c07	54	Thursday
♪ c07	55	Friday
♪ c07	56	Saturday

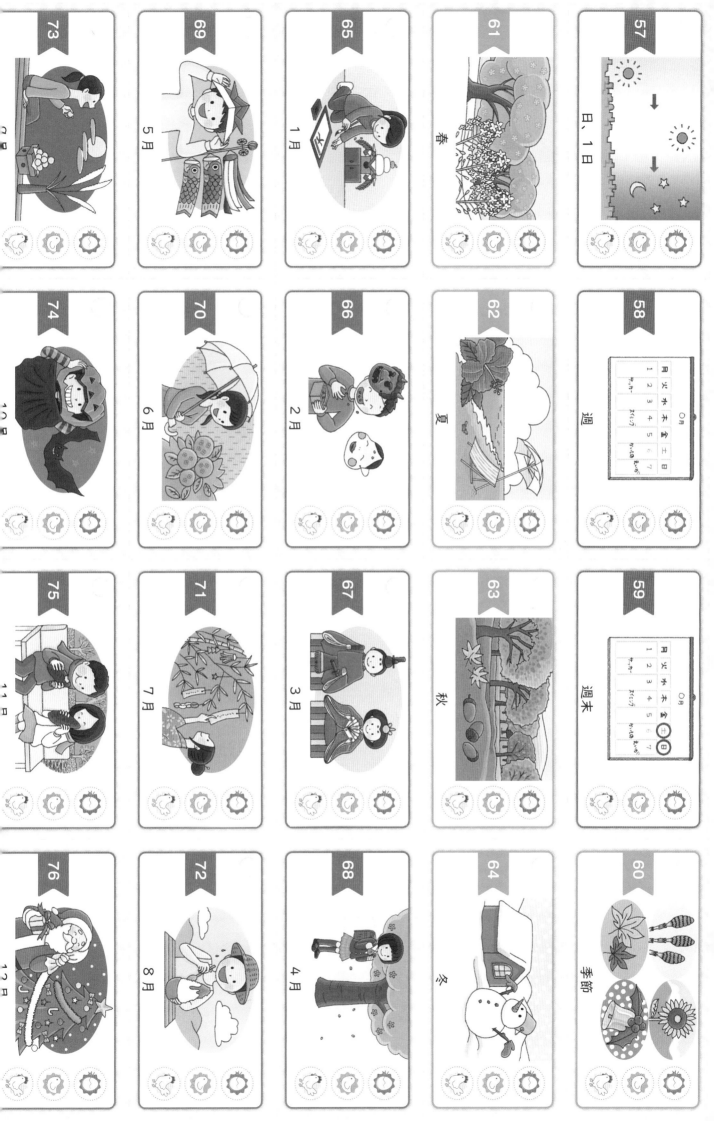

57 🎵 c07
day

58 🎵 c07
week

59 🎵 c07
weekend
「平日（月曜日〜金曜日）」
は weekday と言うよ。

60 🎵 c08
season
「四季」は four seasons
と言うよ。

61 🎵 c08
spring

62 🎵 c08
summer

63 🎵 c08
fall
autumn という言い方
もあるよ。

64 🎵 c08
winter

65 🎵 c09
January
月はすべて大文字で
始まるよ。

66 🎵 c09
February

67 🎵 c09
March

68 🎵 c09
April

69 🎵 c09
May

70 🎵 c09
June

71 🎵 c09
July

72 🎵 c09
August

73 🎵 c09
September

74 🎵 c09
October

75 🎵 c09
November

76 🎵 c09
December

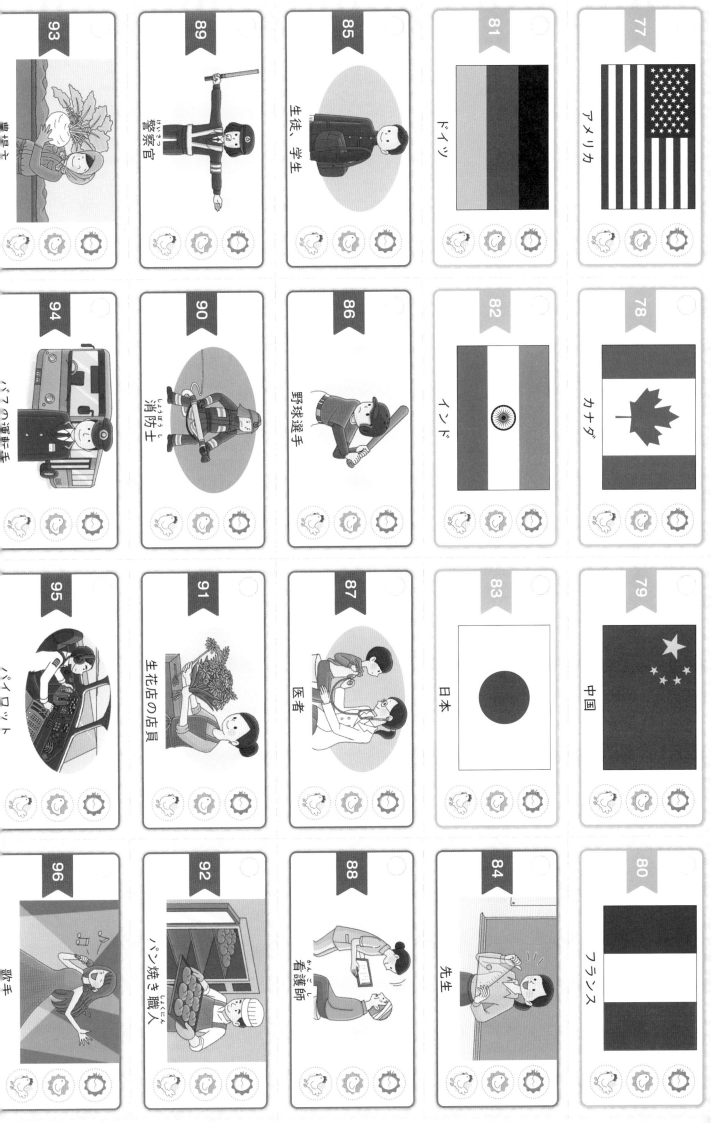

93 曲　担ぎ	89 警察官 けいさつ	85 生徒、学生	81 ドイツ	77 アメリカ
94 バスの運転手	90 消防士 しょうぼうし	86 野球選手	82 インド	78 カナダ
95 パイロット	91 生花店の店員	87 医者	83 日本	79 中国
96 歌手	92 パン焼き職人 しょくにん	88 看護師 かんごし	84 先生	80 フランス

♪c10 | 77 **America**
the U.S. や the U.S.A. というよび方もあるよ。

♪c10 | 78 **Canada**

♪c10 | 79 **China**

♪c10 | 80 **France**

♪c10 | 81 **Germany**

♪c10 | 82 **India**

♪c10 | 83 **Japan**

♪c11 | 84 **teacher**

♪c11 | 85 **student**

♪c11 | 86 **baseball player**
player は「選手」という意味だよ。

♪c11 | 87 **doctor**

♪c11 | 88 **nurse**

♪c11 | 89 **police officer**

♪c11 | 90 **fire fighter**
firefighter と1語で表すこともあるよ。

♪c11 | 91 **florist**

♪c11 | 92 **baker**

♪c11 | 93 **farmer**

♪c11 | 94 **bus driver**

♪c11 | 95 **pilot**

♪c11 | 96 **singer**

97 プログラマー	**98** 俳優（はいゆう）、役者	**99** 家	**100** 学校
101 公園	**102** 店	**103** 図書館	**104** 体育館
105 レストラン	**106** スーパーマーケット	**107** 駅	**108** 警察署（けいさつしょ）
109 消防署（しょうぼうしょ）	**110** ガソリンスタンド	**111** 病院	**112** 美術館（びじゅつかん）、博物館
113 郵便局（ゆうびん）	**114** パン店（てん）	**115** 花店、花屋さん	**116** ホテル

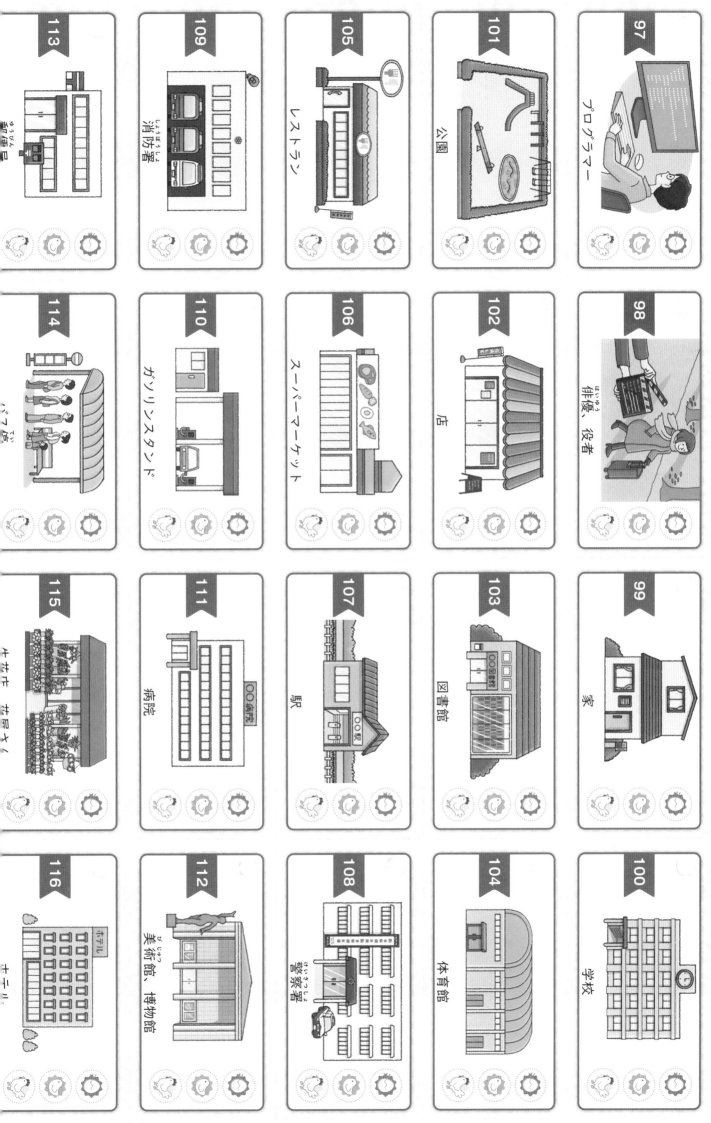

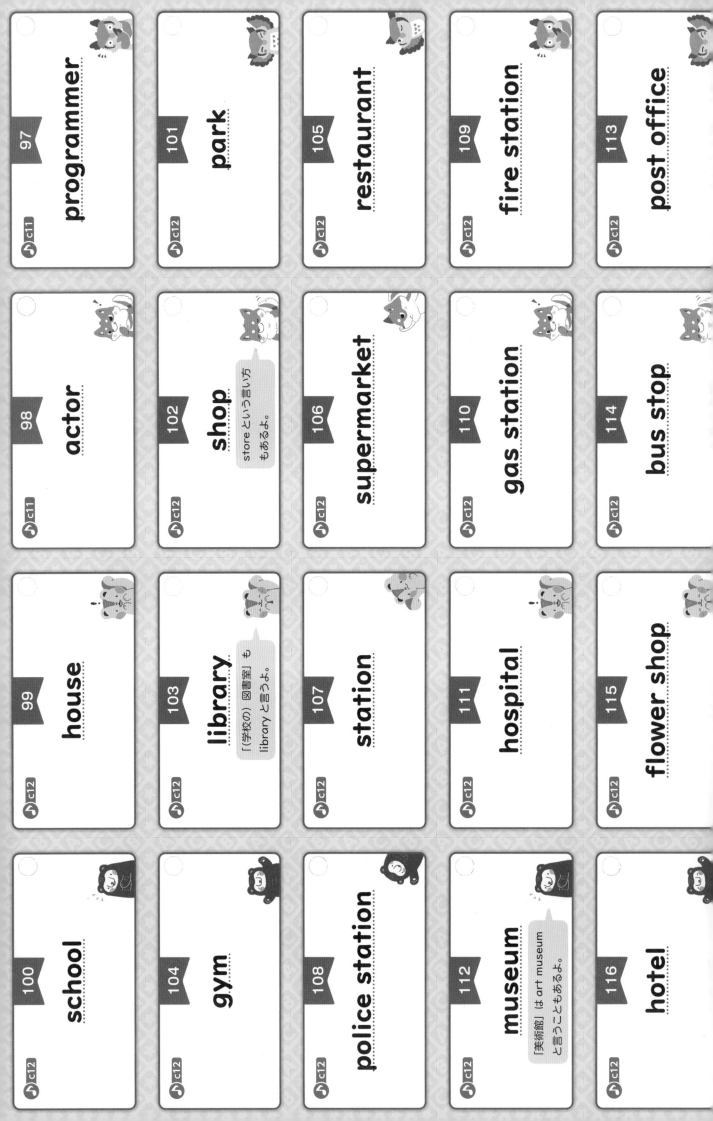

♪ c11 **97** programmer

♪ c11 **98** actor

♪ c12 **99** house

♪ c12 **100** school

♪ c12 **101** park

♪ c12 **102** shop

store という言い方もあるよ。

♪ c12 **103** library

「(学校の) 図書室」も library と言うよ。

♪ c12 **104** gym

♪ c12 **105** restaurant

♪ c12 **106** supermarket

♪ c12 **107** station

♪ c12 **108** police station

♪ c12 **109** fire station

♪ c12 **110** gas station

♪ c12 **111** hospital

♪ c12 **112** museum

「美術館」は art museum と言うこともあるよ。

♪ c12 **113** post office

♪ c12 **114** bus stop

♪ c12 **115** flower shop

♪ c12 **116** hotel

133

129 利口な

125 かっこいい

121 短い

117 農場

134 好きである

130 かわいい

126 有名な

122 新しい

118 大きい

135 ほ

131 友好的な

127 強い

123 古い

119 小さい

136 食べる

132 (スポーツなど)する、演奏する

128 活動的な

124 親切な

120 長い

♪c12 117	♪c13 118	♪c13 119	♪c13 120
farm	big	small	long

♪c13 121	♪c13 122	♪c13 123	♪c13 124
short	new	old	kind

old「年をとった」という意味もあるよ。「若い」はyoungだよ。

♪c13 125	♪c13 126	♪c13 127	♪c13 128
cool	famous	strong	active

cool「すずしい」という意味もあるよ。

♪c13 129	♪c13 130	♪c13 131	♪c14 132
smart	cute	friendly	play

♪c14 133	♪c14 134	♪c14 135	♪c14 136
have	like	want	eat

have「食べる」という意味もあるよ。

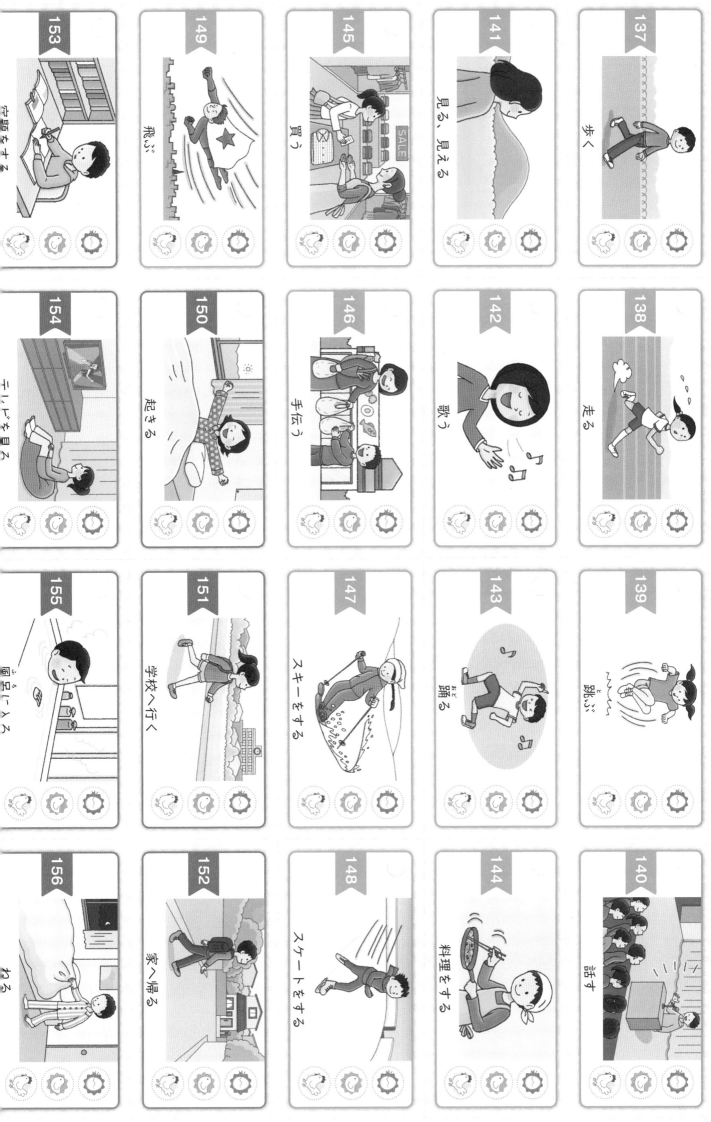

137 歩く
138 走る
139 跳ぶ
140 話す
141 見る、見える
142 歌う
143 踊る
144 料理をする
145 買う
146 手伝う
147 スキーをする
148 スケートをする
149 飛ぶ
150 起きる
151 学校へ行く
152 家へ帰る
153 勉強をする
154 テレビを見る
155 風呂に入る
156 洗う

♪ c14 137 **walk**

♪ c14 138 **run**

♪ c14 139 **jump**

♪ c14 140 **speak**
speak English で
「英語を話す」だよ。

♪ c14 141 **see**

♪ c14 142 **sing**

♪ c14 143 **dance**

♪ c14 144 **cook**
「料理人」という意味も
あるよ。

♪ c14 145 **buy**

♪ c14 146 **help**

♪ c14 147 **ski**

♪ c14 148 **skate**

♪ c14 149 **fly**

♪ c15 150 **get up**

♪ c15 151 **go to school**

♪ c15 152 **go home**

♪ c15 153 **do my homework**

♪ c15 154 **watch TV**

♪ c15 155 **take a bath**

♪ c15 156 **go to bed**

教科書ワーク
もくじ

教育出版版
英語5年

▶動画で復習 & アプリで練習! 重要表現まるっと整理

この本のくわしい使い方

小学教科書ワークでは 教科書内容の学習 ・ 重要単語の練習 ・ 重要表現のまとめ の3つの柱で小学校で習う英語を楽しくていねいに学習できます。ここではそれぞれの学習の流れを紹介します。

教科書内容の学習

① 基本のワーク アレック先生 Alec先生

QRコードを読み取ると音声が流れるよ！
リズムに合わせて楽しく練習！

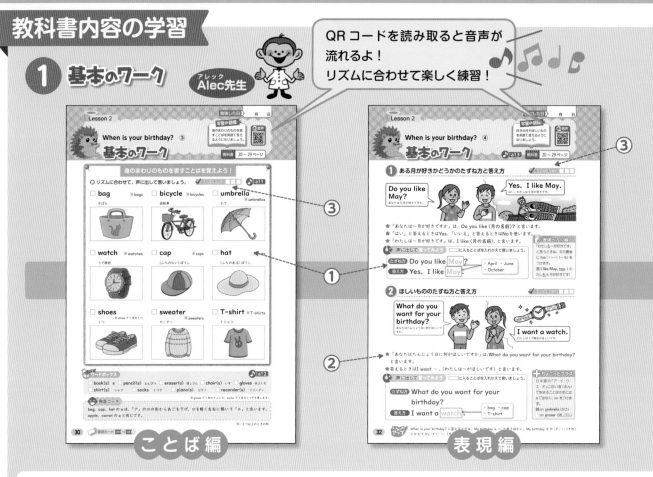

ことば編

表現編

① 新しく習う英語を音声に続いて大きな声で言おう。
- ことば編 では、その単元で学習する単語をリズムに合わせて音読するよ。
- 表現編 では、最初にふきだしの英語の音声を聞いて、その単元で学習する表現を確認するよ。
  次に「声に出して言ってみよう！」で □□□□□ のことばに入れかえてリズムに合わせて音読するよ。
② 新しく習う表現についての説明を読もう。
③ 声に出して言えたら、□にチェックをつけよう。

重要単語の練習

① わくわく英語カード

ことば編 の最後に、英語カードの対応番号が書いてあるよ！

英語カード 24 ～ 28

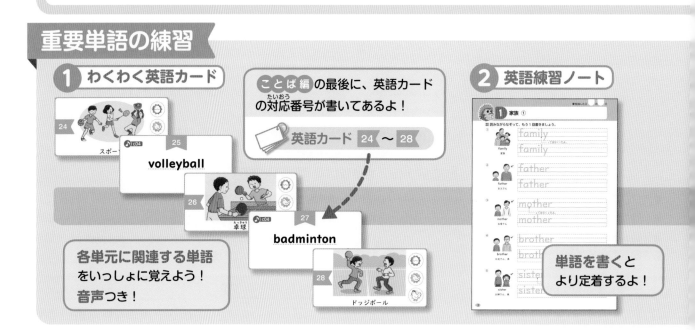

各単元に関連する単語をいっしょに覚えよう！音声つき！

② 英語練習ノート

単語を書くとより定着するよ！

※QRコードは（株）デンソーウェーブの登録商標です。

英語音声の再生方法は5ページを見よう！

Ryo

② 書いて練習のワーク

③ 聞いて練習のワーク

QRコードから問題の音声が聞けるよ。

④ まとめのテスト

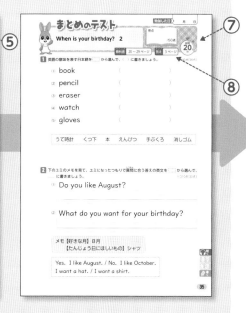

④ 新しく習ったことばや表現を書いて練習しよう。声に出して言いながら書くと効果的だよ。

⑤ 音声を聞いて問題に答えよう。聞きとれなかったら、もう一度聞いてもOK。

⑥ 解答集を見て答え合わせをしよう。読まれた音声も確認！

⑦ 確認問題にチャレンジ！問題をよく読もう。時間を計ってね。

⑧ 解答集を見て答え合わせをしよう。

③ 単語リレー（実力判定テスト）やはつおん上達アプリおん達でアウトプット！

おん達ではつおん練習ができるよ！

単語リレーで単語のテストができるよ！

おん達の使い方・アクセスコードは4ページを見よう！

Hina

重要表現のまとめ

動画で復習&アプリで練習!
重要表現まるっと整理

QRコードを読み取ると
わくわく動画が見られるよ!

わくわく動画

リズムにあわせて表現の復習!

自己表現の練習も!

発音上達アプリ**おん達**
にも対応しているよ。

「重要表現まるっと整理」は
121ページからはじまるよ。

最後にまとめとして使って
もよいし、日ごろの学習に
プラスしてもよいね!

Adra

Oliver

📱 **アプリ・音声について**

この本のふろくのすべてのアクセスコードは **EMKHUF8a** です。

⭐ 文理のはつおん上達アプリ　おん達

おん達
ダウンロード

- 「重要表現まるっと整理」と「わくわく英語カード」の発話練習ができます。
- お手本の音声を聞いて、自分の発音をふきこむとAIが点数をつけます。
- 何度も練習し、高得点を目ざしましょう。
- 右のQRコードからダウンロードページへアクセスし、
  上記のアクセスコードを入力してください。
- アクセスコード入力時から15か月間ご利用になれます。
- 【推奨環境】スマートフォン、タブレット等(iOS11以上、Android8.0以上)

※音声配信サービスおよび「おん達」は無料ですが、別途各通信会社の通信料がかかります。
※お客様のネット環境および端末によりご利用いただけない場合がございます。ご理解、ご了承いただきますよう、お願いいたします。

夏休みのテスト・冬休みのテスト・
学年末のテスト全3回分と、
単語リレー1回分がついています。

本番のテストに近いサイズ
でテスト対策！

CBT（Computer Based Testing）

◆CBTの使い方
❶BUNRI-CBT（https://b-cbt.bunri.jp）に
PC・タブレットでアクセス。
❷ログインして、4ページのアクセスコードを
入力。

WEB 上のテストにちょうせん。
成績表で苦手チェック！

★ 英語音声の再生方法

●英語音声があるものには ♪a01 がついています。音声は以下の3つの方法で再生することができます。

①QRコードを読み取る：
　各単元の冒頭についている音声QRコードを読み取ってください。

②音声配信サービスonhaiから再生する：
　WEBサイト https://listening.bunri.co.jp/へアクセスしてください。

③音声をダウンロードする：
　文理ホームページよりダウンロードも可能です。
　URL　https://portal.bunri.jp/b-desk/emkhuf8a.html
　②・③では4ページのアクセスコードを入力してください。

※本体、ふろくの国旗イラストのたてと横の比率は、国際連合で使用している 2：3 になっています。

A B C D E

F G H I J

K L M N

O P Q R

S T U V W

X Y Z

⭐ リズムに合わせて、声に出して言いましょう。 ✓言えたらチェック ☐☐☐

🔊音声 ♪a01

a b c d e

f g h i j

k l m n

o p q r

s t u v w

x y z

勉強した日 ▶　　月　　日

教室で使う英語 / 学校や家にあるもの

基本のワーク

① 教室で使う英語

☑言えたらチェック □□□　♪ b01

⭐ 教室で使う英語のあいさつを覚えましょう。音声を聞いて、言ってみましょう。

✿ 授業の始まりのあいさつ

Hello, class. / Hello.　　こんにちは、みなさん。／こんにちは。

✿ 体調のたずね方

How are you?　　お元気ですか。

I'm fine, thank you.　　元気です、ありがとう。

✿ お願いのしかた

Please close the window.　　窓を閉めてください。

OK.　　いいですよ。

Thank you.　　ありがとうございます。

You're welcome.　　どういたしまして。

「開ける」は open［オウプン］だよ！

✿ じゃんけんをするときの言い方

Rock, scissors, paper, one, two, three!　　じゃんけんポン！

three のときに、グー、チョキ、パーを出すよ！

✿ 別れるときのあいさつ

See you later. / See you.　　またね。

　ほかにも、Goodbye. や Bye. などの言い方もあるよ。

② 学校や家にあるもの

⭐ 学校や家にあるものの英語での言い方を覚えましょう。音声を聞いて、言ってみましょう。

 desk つくえ

 chair いす

 notebook ノート

 eraser 消しゴム

 pen ペン

 pencil えんぴつ

 pencil case 筆箱

 pencil sharpener えんぴつけずり

 marker マーカー

 stapler ホチキス

 ruler 定規

 glue のり

 ball ボール

 jump rope なわとびのなわ

 unicycle 一輪車

二輪車 [自転車] は bicycle または bike だよ。

 table テーブル

 window 窓

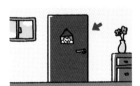 door ドア

 computer コンピューター

 TV テレビ

 clock 置き時計、かけ時計

 calendar カレンダー

 book 本

「置き時計、かけ時計」は clock だけれど、「うで時計」は watch と言うよ。使い分けてね。

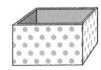

 box 箱

聞く
話す
読む
書く

9

アルファベットの大文字と小文字

基本のワーク

学習の目標・
アルファベットの大文字と小文字を正しく理解しましょう。

 音声

教科書 8〜11 ページ

---

① アルファベットの大文字

 言えたらチェック □□□ ♪b03

⭐ アルファベットの大文字を覚えましょう。音声を聞いて、言ってみましょう。

 A APPLE　 B BANANA　 C CARROT　 D DONUT　 E EGG

 F FISH　 G GREEN PEPPER　 H HAMBURGER　 I ICE CREAM　 J JAM

 K KIWI FRUIT　 L LEMON　 M MELON　 N NOODLES　 O ONION

 P PEACH　 Q QUESTION　 R RICE　 S SPINACH　 T TOMATO

 U CUCUMBER　 V VEGETABLES　 W WATERMELON　 X BOX　 Y YOGURT

 Z PIZZA

CとG、OとQ、PとR、UとVなど形の似ている文字に気をつけてね。

10

② アルファベットの小文字

 言えたらチェック　 b04

⭐ アルファベットの小文字を覚えましょう。音声を聞いて、言ってみましょう。

a　ant

b　bear

c　camel

d　dog

e　elephant

f　frog

g　giraffe

h　horse

i　animals

j　jaguar

k　koala

l　lion

m　mouse

n　chicken

o　ox

p　panda

q　queen

r　rabbit

s　sheep

t　tree

u　umbrella

v　violin

w　wolf

x　fox

y　monkey

z　zebra

bとd、iとj、mとn、pとqなど形の似ている文字に気をつけてね。

大文字と小文字、対にして覚えてね！

聞く　話す　読む　書く

11

🔊音声

Nice to meet you. ①

基本のワーク

♪ a02　教科書 12〜19 ページ

① 初めて会ったときのあいさつ

✓ 言えたらチェック □□□

Hello. Nice to meet you.
こんにちは。はじめまして。

Nice to meet you, too.
こちらこそ、はじめまして。

❀「はじめまして」は、**Nice to meet you.** と言います。

❀ 相手から言われたときは、**Nice to meet you, too.**（こちらこそ、はじめまして）と応じます。

❀ **Hello.**（こんにちは）は一日中使えるあいさつです。

⏻ 声に出して 言ってみよう　次の英語を言いましょう。

Nice to meet you. ― Nice to meet you, too.

📖 表現べんり帳
Hi.（やあ）は **Hello.** よりも気軽な表現です。「ただいま」や「おかえり」などの意味で使うこともできます。

② 自分の名前の言い方

✓ 言えたらチェック □□□

Ito　Erika

**My name is Ito Erika.
Please call me Eri.**
わたしの名前は伊藤エリカです。エリとよんでください。

❀「わたしの名前は〜です」は、**My name is 〜.** と言います。

❀「（わたしを）〜とよんでください」は、**Please call me 〜.** と言います。

❀「〜」に自分の名前やよび方を入れます。

⏻ 声に出して 言ってみよう　□ に入ることばを入れかえて言いましょう。

My name is Ito Erika **. Please call me** Eri **.**

- Suzuki Kento / Ken
- Kimura Nanami / Nana
- Aoki Takuya / Taku

📖 表現べんり帳
I'm［アイム］〜.（わたしは〜です）を使って自分の名前を言うこともできます。

ステップアップ　相手の名前のつづりを知りたいときは How do you spell your name?［ハウ ドゥ ユー スペル ユア ネイム］（あなたの名前はどうつづりますか）と言います。

書いて練習のワーク

☆ 読みながらなぞって、もう1〜2回書きましょう。

Nice to meet you.

はじめまして。

Nice to meet you, too.

こちらこそ、はじめまして。

Hello.

こんにちは。

My name is Ito Erika.

わたしの名前は伊藤エリカです。

My name is　　　　　　.

わたしの名前は（自分の名前）です。

Please call me Eri.

エリとよんでください。

聞く
話す
読む
書く

 英語の トビラ 英語では、自分の名前を言うときには〈名前・名字〉の順に言うよ。この本では、日本人が英語で言う場合は、日本語と同じように〈名字・名前〉の順に言っているよ。でも、〈名前・名字〉の順に言うこともできるよ。

13

学習の目標
色やスポーツを表す英語を言えるようになりましょう。

🔊 音声

Nice to meet you. ②

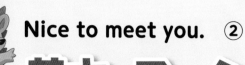
基本のワーク

教科書 12 ～ 19 ページ

色、スポーツ①を表すことばを覚えよう！

⭐ リズムに合わせて、声に出して言いましょう。　✓言えたらチェック □□□　♪ a03

☐ **yellow**
黄

☐ **green**
緑

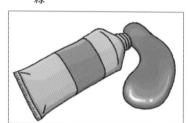

☐ **red**
赤

☐ **blue**
青

☐ **pink**
ピンク

☐ **soccer**
サッカー

☐ **tennis**
テニス

☐ **baseball**
野球

☐ **basketball**
バスケットボール

ワードボックス

♪ a04

☐ color(s)　色　　☐ sport(s)　スポーツ　　☐ black　黒　　☐ brown　茶
☐ orange　だいだい　　☐ purple　むらさき　　☐ white　白

発音コーチ

blue や glue（のり）の ue は、くちびるを丸めてつき出して「ウー」と発音します。ue の e は読みません。

書いて練習のワーク

⭐ 読みながらなぞって、何回か書きましょう。

yellow

黄

green

緑

red

赤

blue

青

pink

ピンク

soccer

サッカー

tennis

テニス

baseball

野球

basketball

バスケットボール

 聞く
話す
読む
書く

 英語のトリビア！「サッカー」はアメリカでは soccer と言うけれど、イギリスではふつう football〔フトゥボール〕と言うよ。アメリカで football と言うと、「アメリカンフットボール」のことをさすよ。

15

勉強した日 ▶ 　月　　日

🔊音声

Nice to meet you. ③

基本のワーク

教科書 12 ～ 19 ページ

動物、食べ物①を表すことばを覚えよう！

⭐ リズムに合わせて、声に出して言いましょう。　✓言えたらチェック □□□　♪a05

□ **rabbit** 複rabbits
ウサギ

□ **bird** 複birds
鳥

□ **dog** 複dogs
イヌ

□ **cat** 複cats
ネコ

□ **frog** 複frogs
カエル

□ **banana** 複bananas
バナナ

□ **tomato** 複tomatoes
トマト

□ **orange** 複oranges
オレンジ

□ **donut** 複donuts
ドーナツ

ワードボックス

♪a06

□ bear(s) クマ　　□ elephant(s) ゾウ　　□ lion(s) ライオン　　□ pig(s) ブタ

□ onion(s) タマネギ　　□ carrot(s) ニンジン　　□ lemon(s) レモン　　□ grapes ブドウ

😊 発音コーチ

強く読むところが、日本語での読み方とことなることばに気をつけましょう。

例　banana　tomato　orange　potato [ポテイトゥ]　　＊赤文字の部分を強く読みます。

複…2つ以上のときの形

書いて練習のワーク

⭐ 読みながらなぞって、何回か書きましょう。

rabbit

ウサギ

bird

鳥

dog

イヌ

cat

ネコ

frog

カエル

banana

バナナ

tomato

トマト

orange

オレンジ

donut

ドーナツ

聞く
話す
読む
書く

 英語のトビラ 「果物」は fruit［フルート］で、2種類以上のときは fruits［フルーツ］と言うよ。

Nice to meet you. ④

基本のワーク

 音声

♪a07　教科書 12〜19ページ

① 好きなもの、好きではないものの言い方

✓言えたらチェック □□□

I like cats.
わたしはネコが好きです。

I don't like dogs.
わたしはイヌが好きではありません。

✿「わたしは〜が好きです」は、**I like 〜.** と言います。

✿「わたしは〜が好きではありません」は、**I don't like 〜.** と言います。

✿特定の1つではなく、その種類全体について言うときは、**dogs** のように **s** や **es** をつけます。

声に出して言ってみよう □に入ることばを入れかえて言いましょう。

I like cats.　←・rabbits ・soccer

I don't like dogs.　←・frogs ・baseball

➕ちょこっとプラス
don't は do not を短くした言い方です。「〜ではありません」という意味です。

② 好きかどうかのたずね方と答え方

✓言えたらチェック □□□

Yes, I do.
はい、好きです。

Do you like animals?
あなたは動物が好きですか。

✿「あなたは〜が好きですか」は、**Do you like 〜?** と言います。

✿「はい、好きです」は **Yes, I do.**、「いいえ、好きではありません」は **No, I don't.** と言います。

声に出して言ってみよう □に入ることばを入れかえて言いましょう。

たずね方 **Do you like animals?**　・tomatoes ・potatoes ・tennis

答え方 **Yes, I do. / No, I don't.**

➕ちょこっとプラス
ものの名前にsがつく形を複数形と言います。
tomato、potato の複数形は es をつけて tomatoes、potatoes となります。

18

ステップアップ I don't like 〜 very much [ヴェリィマッチ]. は「わたしは〜があまり好きではありません」という意味になります。「大きらい」という意味ではないので注意しましょう。

書いて練習のワーク

⭐ 読みながらなぞって、もう1回書きましょう。

I like cats.

わたしはネコが好きです。

I like soccer.

わたしはサッカーが好きです。

I don't like dogs.

わたしはイヌが好きではありません。

I don't like frogs.

わたしはカエルが好きではありません。

Do you like animals?

あなたは動物が好きですか。

Yes, I do.

はい、好きです。

No, I don't.

いいえ、好きではありません。

 日本食は海外にも広まってきていて、すし (sushi)、すきやき (sukiyaki)、てんぷら (tempura)、ラーメン (ramen)、とうふ (tofu) などは英語になっているよ。

Nice to meet you. ⑤

基本のワーク

❶ 好きなもののたずね方

✔言えたらチェック □□□

What color do you like?
あなたは何色が好きですか。

❋「あなたは何の[どんな]〜が好きですか」は、What 〜 do you like? と言います。

❋「〜」にcolor（色）、animal（動物）などを入れて、具体的にたずねることができます。

🔊 声に出して言ってみよう □□に入ることばを入れかえて言いましょう。

What | color | do you like?

・ animal ・ sport ・ food

➕ちょこっとプラス
Do you like 〜? は最後を上げて（↗）言います。
What 〜? はふつう最後を下げて（↘）言います。

❷ 好きなものの答え方

✔言えたらチェック □□□

What color do you like?
あなたは何色が好きですか。

I like red.
わたしは赤が好きです。

❋What 〜 do you like? に答えるときは、I like 〜.（わたしは〜が好きです）と言います。

❋相手の言ったことに対して、「わかりました」とあいづちを打つときは I see.、「わたしもです」と言うときは Me, too.、「まあ」とおどろきを表すときは Wow. などと言います。

🔊 声に出して言ってみよう □□に入ることばを入れかえて言いましょう。

たずね方 What | color | do you like?

答え方 I like | red |.

・ sport
・ animal

・ tennis ・ cats

📝表現べんり帳
What 〜 do you like?
でよく使われるもの
・What fruit
（どんな果物）
・What TV program
（何のテレビ番組）

ステップアップ 相手に何が好きかをたずねるとき、What do you like?（あなたは何が好きですか）と言うこともあります。
はば広く好きなものをたずねたいときに使います。

書いて練習のワーク

⭐ 読みながらなぞって、もう1回書きましょう。

What color do you like?

あなたは何色が好きですか。

I like red.

わたしは赤が好きです。

I like green.

わたしは緑が好きです。

What sport do you like?

あなたはどんなスポーツが好きですか。

I like tennis.

わたしはテニスが好きです。

What animal do you like?

あなたはどんな動物が好きですか。

聞く
話す
読む
書く

I like cats.

わたしはネコが好きです。

英語でにじの色は red、orange、yellow、green、blue、indigo［インディゴウ］（あい色）、violet［ヴァイオレ
ト］（すみれ色）の7色。アメリカでは indigo をのぞいて6色とすることも多いよ。

21

聞いて練習のワーク

できた数

／8問中

🔊音声

教科書 12〜19ページ　　答え 1ページ

1 音声を聞いて、絵の内容と合っていれば○、合っていなければ×を（　）に書きましょう。

♪ t01

(1)

（　　　　）

(2)

（　　　　）

(3)

（　　　　）

(4)

（　　　　）

2 音声を聞いて、絵の内容に合う答えを選んで、記号を○で囲みましょう。

♪ t02

(1)

ア　Yes, I do.
イ　No, I don't.

(2)

ア　I like yellow.
イ　I like red.

(3)

ア　Yes, I do.
イ　No, I don't.

(4)

ア　I like basketball.
イ　I like tennis.

まとめのテスト

Nice to meet you.

得点　　/50点

時間 20分

教科書 12～19ページ　答え 1ページ

1 日本語の意味を表す英語を線で結びましょう。　1つ4点〔20点〕

(1) サッカー ・	・ blue
(2) 青 ・	・ sport
(3) ドーナツ ・	・ rabbit
(4) ウサギ ・	・ soccer
(5) スポーツ ・	・ donut

2 日本語の意味を表す英語の文を［　］から選んで、＿＿に書きましょう。　1つ10点〔30点〕

(1) わたしの名前は伊藤(いとう)ケンです。

＿＿＿＿＿＿＿＿＿＿＿＿＿＿＿＿

(2) あなたは赤が好きですか。

＿＿＿＿＿＿＿＿＿＿＿＿＿＿＿＿

(3) あなたはどんな動物が好きですか。

＿＿＿＿＿＿＿＿＿＿＿＿＿＿＿＿

> What animal do you like?
> My name is Ito Ken.
> Do you like red?

聞く　話す　読む　書く

When is your birthday? ①

基本のワーク

学習の目標

12か月の月の名前を英語で言えるようになりましょう。

音声

教科書 20〜29 ページ

月を表すことばを覚えよう！

⭐ リズムに合わせて、声に出して言いましょう。　☑ 言えたらチェック ☐☐☐　♪ a09

☐ **January**

1月

☐ **February**

2月

☐ **March**

3月

☐ **April**

4月

☐ **May**

5月

☐ **June**

6月

☐ **July**

7月

☐ **August**

8月

☐ **September**

9月

☐ **October**

10月

☐ **November**

11月

☐ **December**

12月

書いて練習のワーク

⭐ 読みながらなぞって、もう1 ～ 2回書きましょう。

January

1月

February

2月

March

3月

April

4月

May

5月

June

6月

July

7月

August

8月

September

9月

October

10月

November

11月

December

12月

🎧 聞く
🎤 話す
📖 読む
✏️ 書く

英語の
トビラ　アメリカの学校では、学年はふつう9月に始まり、次の年の6月に終わるよ。そのあとが長い夏休みで、約3か月もあるんだ。

When is your birthday? ②

基本のワーク

♪a10　教科書 20〜29ページ

---

① 日付の言い方

✓言えたらチェック □□□

First.	Second.	Third.	Fourth.	Fifth.
1番めです。	2番めです。	3番めです。	4番めです。	5番めです。

❀「(何月)何日」という日付は、**one**(1)、**two**(2)、**three**(3)のように数を表す言い方ではなく、**first**(1番め)、**second**(2番め)、**third**(3番め)のように順序を表す言い方で表します。

🔊 声に出して言ってみよう　次の英語を言いましょう。

first(1番め)　**second**(2番め)　**third**(3番め)　**fourth**(4番め)　**fifth**(5番め)

sixth(6番め)　**seventh**(7番め)　**eighth**(8番め)　**ninth**(9番め)　**tenth**(10番め)

eleventh(11番め)　　　**twelfth**(12番め)　　　**thirteenth**(13番め) …

twentieth(20番め)　　**twenty-first**(21番め)　**twenty-second**(22番め)

twenty-third(23番め) … **thirtieth**(30番め)　　**thirty-first**(31番め)

➕ちょこっとプラス

つづりに注意するもの

〈数〉		〈順序〉
five	→	fifth
eight	→	eighth
nine	→	ninth
twelve	→	twelfth
twenty	→	twentieth

---

② たんじょう日のたずね方と答え方

✓言えたらチェック □□□

When is your birthday?
あなたのたんじょう日はいつですか。

My birthday is December 1st.
わたしのたんじょう日は 12 月 1 日です。

❀「あなたのたんじょう日はいつですか」は、**When is your birthday?** と言います。

❀答えるときは、**My birthday is 〈月〉〈日〉.**(わたしのたんじょう日は〜月…日です)と言います。

🔊 声に出して言ってみよう　□□に入ることばを入れかえて言いましょう。

たずね方 **When is your birthday?**

答え方 **My birthday is** [December 1st].

・February 3rd　・October 20th

📝表現べんり帳

「今日は〜月…日です」は、It's 〈月〉〈日〉 today. と言います。

例 It's August 10th today.
（今日は 8 月 10 日です）

 「〜のたんじょう日はいつですか」とほかの人のたんじょう日をたずねるときは、When is 〜's birthday? と言います。　例　When is Yumi's birthday?（ユミのたんじょう日はいつですか）

書いて練習のワーク

⭐ 読みながらなぞって、もう1回書きましょう。

When is your birthday?

あなたのたんじょう日はいつですか。

My birthday is December 1st.

わたしのたんじょう日は12月1日です。

When is your birthday?

あなたのたんじょう日はいつですか。

My birthday is February 3rd.

わたしのたんじょう日は2月3日です。

My birthday is October 20th.

わたしのたんじょう日は10月20日です。

日付の書き方はアメリカとイギリスでことなるよ。たとえば、2025年5月5日なら、アメリカでは、May 5th, 2025と書き、イギリスでは、5th May 2025と書くんだ。

27

Lesson 2

聞いて練習のワーク

教科書 20〜29 ページ　　答え 2 ページ

1 音声を聞いて、英語に合う絵を下から選んで、記号を（　）に書きましょう。　♪ t03

(1) (　　　　)　　(2) (　　　　)　　(3) (　　　　)　　(4) (　　　　)

ア

イ

ウ

エ

2 音声を聞いて、それぞれの人のたんじょう日を（　）に数字で書きましょう。　♪ t04

(1)

Ken

(　　　月　　　日)

(2)
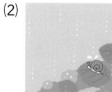

Emi

(　　　月　　　日)

(3)

Taku

(　　　月　　　日)

(4)

Yuki

(　　　月　　　日)

When is your birthday? 1

得点

/50点

時間 **20** 分

教科書 20〜29ページ 答え 2ページ

1 英語の意味を表す日本語を [____] から選んで、( ) に書きましょう。　　　　1つ6点〔30点〕

(1) April 　　　　(　　　　　　　　　　　)

(2) June 　　　　(　　　　　　　　　　　)

(3) September 　　(　　　　　　　　　　　)

(4) October 　　　(　　　　　　　　　　　)

(5) February 　　　(　　　　　　　　　　　)

2月　　4月　　6月　　9月　　10月

2 日本語の意味を表す英語の文になるように、[____] から英語を選んで、____ に書きましょう。文の最初にくることばは大文字で書きはじめましょう。　　　　1つ10点〔20点〕

(1) あなたのたんじょう日はいつですか。

_____ is your birthday?

(2) [(1)に答えて] わたしのたんじょう日は 5 月 3 日です。

My birthday is _____ 3rd.

when　　what　　May　　March　　July

聞く
話す
読む
書く

When is your birthday? ③

基本のワーク

学習の目標・
身のまわりのものを表すことばを英語で言えるようになりましょう。

🔊 音声

教科書 20 ～ 29 ページ

身のまわりのもの①を表すことばを覚えよう！

☆ リズムに合わせて、声に出して言いましょう。　✔言えたらチェック □□□　♪a11

☐ **bag** 　複 bags
かばん

☐ **bicycle** 　複 bicycles
自転車

☐ **umbrella** 　複 umbrellas
かさ

☐ **watch** 　複 watches
うで時計

☐ **cap** 　複 caps
（ふちのない）ぼうし

☐ **hat** 　複 hats
（ふちのある）ぼうし

☐ **shoes**
※ shoes で 1 足のくつ
くつ

☐ **sweater** 　複 sweaters
セーター

☐ **T-shirt** 　複 T-shirts
T シャツ

ワードボックス　♪a12

☐ book(s) 本　☐ pencil(s) えんぴつ　☐ eraser(s) 消しゴム　☐ chair(s) いす　☐ gloves 手ぶくろ
☐ shirt(s) シャツ　☐ socks くつ下　☐ piano(s) ピアノ　☐ recorder(s) リコーダー

※ gloves で 1 対の手ぶくろ、socks で 1 足のくつ下を表します。

発音コーチ

bag、cap、hat の a は、「ア」の口の形にして、口を軽く左右に開いて「エ」と言います。apple、carrot の a と同じです。

複…2 つ以上のときの形

書いて練習のワーク

✿ 読みながらなぞって、何回か書きましょう。

bag

かばん

bicycle

自転車

umbrella

かさ

watch

うで時計

cap

（ふちのない）ぼうし

hat

（ふちのある）ぼうし

shoes

くつ

sweater

セーター

 聞く

 話す

読む

書く

T-shirt

Ｔシャツ

 英語の トビラ gloves（手ぶくろ）、boots（長ぐつ）のように、左右2つで使うものは s をつけた形にするよ。でも、野球で使う「グローブ」は、1つで使うので、2つ以上のとき以外は glove と s をつけないよ。

31

When is your birthday?　④

基本のワーク

♪a13　教科書 20～29 ページ

1 ある月が好きかどうかのたずね方と答え方

✔言えたらチェック □□□

Do you like May?
あなたは 5 月が好きですか。

Yes. I like May.
はい。わたしは 5 月が好きです。

❁ 「あなたは〜月が好きですか」は、**Do you like〈月の名前〉?** と言います。

❁ 「はい」と答えるときはYes、「いいえ」と答えるときはNoを使います。

❁ 「わたしは〜月が好きです」は、**I like〈月の名前〉.** と言います。

⏻ 声に出して 言ってみよう 　□□に入ることばを入れかえて言いましょう。

たずね方 **Do you like** May **?**

答え方 **Yes. I like** May **.**

　　　・April　・June
　　　・October

📝 表現べんり帳
「わたしも〜が好きです」
と言うときは、文の最後
に too［トゥー］（〜も）を
つけます。
例 I like May, too.（わ
たしも 5 月が好きです）

2 ほしいもののたずね方と答え方

✔言えたらチェック □□□

What do you want for your birthday?
あなたはたんじょう日に何がほしいで
すか。

I want a watch.
わたしはうで時計がほしいです。

❁ 「あなたはたんじょう日に何がほしいですか」は、**What do you want for your birthday?**
と言います。

❁ 答えるときは**I want 〜 .**（わたしは〜がほしいです）と言います。

⏻ 声に出して 言ってみよう 　□□に入ることばを入れかえて言いましょう。

たずね方 **What do you want for your birthday?**

答え方 **I want a** watch **.**

　　　・bag　・cap
　　　・T-shirt

➕ちょこっとプラス
日本語の「ア・イ・ウ・
エ・オ」に近い音で始ま
ることばの前には a では
なく、an をつけます。
例 an umbrella（かさ）
　an eraser（消しゴム）

ステップアップ 「わたしは〜が大好きです」は、very much［ヴェリ　マッチ］を最後に置いて、I like 〜 very much. と言います。
例 I like dogs very much.（わたしはイヌが大好きです）

書いて練習のワーク

☆ 読みながらなぞって、もう1回書きましょう。

Do you like May?

あなたは5月が好きですか。

Yes. I like May.

はい。わたしは5月が好きです。

What do you want for
your birthday?

あなたはたんじょう日に何がほしいですか。

I want a watch.

わたしはうで時計がほしいです。

🎧 聞く
🎤 話す
📖 読む
✏️ 書く

 英語のトビラ　英語の月名は Jan. Feb. Mar. Apr. Jun. Jul. Aug. Sep. [Sept.] Oct. Nov. Dec. などと略して表記することも
あるよ。でも、May は略さないよ。

33

聞いて練習のワーク

できた数

／8問中

🔊音声

教科書 20〜29ページ　答え 2ページ

1 音声を聞いて、絵の内容と合っていれば〇、合っていなければ×を（ ）に書きましょう。

♪ t05

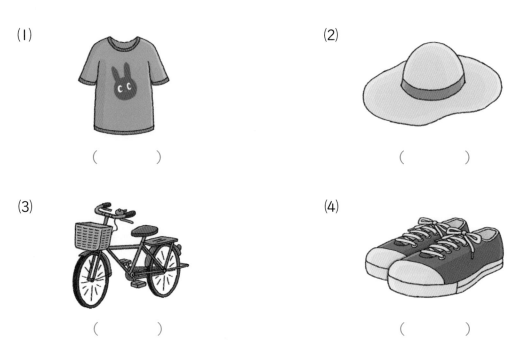

(1)

（　　　）

(2)

（　　　）

(3)

（　　　）

(4)

（　　　）

2 音声を聞いて、それぞれの人がたんじょう日にほしいものを線で結びましょう。♪ t06

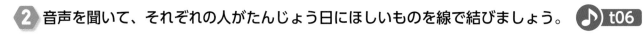

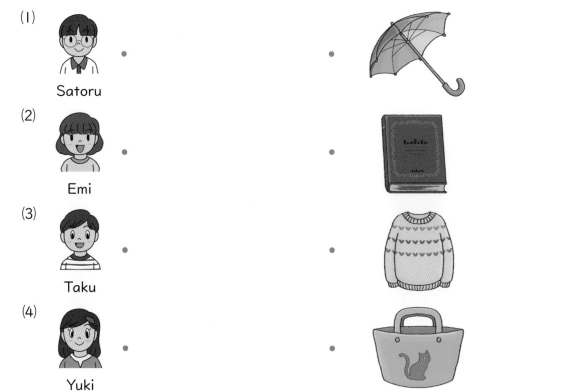

(1)

Satoru

(2)

Emi

(3)

Taku

(4)

Yuki

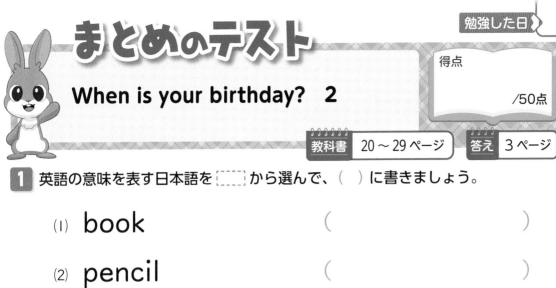

まとめのテスト

When is your birthday? 2

勉強した日 月 日

得点 /50点

時間 20分

教科書 20〜29ページ　答え 3ページ

1 英語の意味を表す日本語を ［＿］ から選んで、（ ）に書きましょう。 1つ6点〔30点〕

(1) book （ ）

(2) pencil （ ）

(3) eraser （ ）

(4) watch （ ）

(5) gloves （ ）

> うで時計　　くつ下　　本　　えんぴつ　　手ぶくろ　　消しゴム

2 下のユミのメモを見て、ユミになったつもりで質問に合う答えの英文を ［＿］ から選んで、
＿＿ に書きましょう。 1つ10点〔20点〕

(1) Do you like August?

＿＿＿＿＿＿＿＿＿＿＿＿＿＿＿＿＿＿＿＿＿＿＿＿＿
＿＿＿＿＿＿＿＿＿＿＿＿＿＿＿＿＿＿＿＿＿＿＿＿＿

(2) What do you want for your birthday?

＿＿＿＿＿＿＿＿＿＿＿＿＿＿＿＿＿＿＿＿＿＿＿＿＿
＿＿＿＿＿＿＿＿＿＿＿＿＿＿＿＿＿＿＿＿＿＿＿＿＿

> ユミのメモ 【好きな月】8月
> 　　　　　 【たんじょう日にほしいもの】シャツ

> Yes. I like August. / No. I like October.
> I want a hat. / I want a shirt.

聞く
話す
読む
書く

勉強した日 ▶ 　月　　日

I have P.E. on Monday. ①

基本のワーク

教科書 30 〜 39 ページ

教科を表すことばを覚えよう！

⭐ リズムに合わせて、声に出して言いましょう。　✓言えたらチェック ☐☐☐　♪ a14

☐ **Japanese**

国語

☐ **math**

算数

☐ **science**

理科

☐ **English**

英語

☐ **social studies**

社会科

☐ **P.E.**

体育

☐ **music**

音楽

☐ **arts and crafts**

図画工作

☐ **home economics**

家庭科

Word ワードボックス

♪ a15

☐ calligraphy　書写　　　　☐ moral education　道徳　　　☐ subject(s)　教科

☐ class(es)　授業、クラス　　☐ schedule(s)　予定、計画

😀 発音コーチ

math の th は、舌の先を前歯で軽くかむようにして、そのすき間から息だけを出して発音します。日本語の「す」とはちがいます。

書いて練習のワーク

⭐ 読みながらなぞって、もう1〜2回書きましょう。

Japanese

国語

math　　　　　　　　　　　　P.E.

算数　　　　　　　　　　　　　　　　　　　　　体育

science

理科

English

英語

social studies

社会科

music

音楽

arts and crafts

図画工作

home economics

家庭科

 P.E. は、physical education ［フィズィカル　エヂュケイション］を短くした言い方だよ。physical は「身体の」、education は「教育」という意味だよ。

I have P.E. on Monday. ②

学習の目標・

1週間の曜日を英語で言えるようになりましょう。

音声

教科書 30〜39ページ

曜日などを表すことばを覚えよう！

⭐ リズムに合わせて、声に出して言いましょう。　✓言えたらチェック □□□　♪a16

☐ **Sunday**

日曜日　　複 Sundays

☐ **Monday**

月曜日　　複 Mondays

☐ **Tuesday**

火曜日　　複 Tuesdays

☐ **Wednesday**

水曜日　　複 Wednesdays

☐ **Thursday**

木曜日　　複 Thursdays

☐ **Friday**

金曜日　　複 Fridays

☐ **Saturday**

土曜日　　複 Saturdays

☐ **day**　　複 days

日、1日

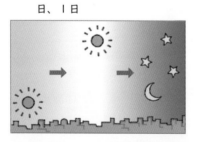

☐ **week**　　複 weeks

週

ワードボックス　♪a17

☐ school(s)　学校　　☐ have　(授業が)ある　　☐ study　勉強する　　☐ bus(es)　バス

☐ summer vacation　夏休み　　☐ club(s)　部、クラブ　　☐ cafeteria(s)　カフェテリア、食堂

ことば解説

曜日に s をつけて on Sundays（日曜日に）のように表すことがあります。これは、習慣をより強調したいときに使います。　例 I play tennis on Sundays.（わたしは日曜日は（いつも）テニスをします）

複…2つ以上のときの形

書いて練習のワーク

✿ 読みながらなぞって、何回か書きましょう。

Sunday

日曜日

Monday

月曜日

Tuesday

火曜日

Wednesday

水曜日

Thursday

木曜日

Friday

金曜日

Saturday

土曜日

day

日、1日

聞く
話す
読む
書く

week

週

 曜日はカレンダーなどで略して表されることがあるよ。Sunday → Sun. Monday → Mon. Tuesday → Tue. または Tues. Wednesday → Wed. Thursday → Thu. または Thur.[Thurs.] Friday → Fri. Saturday → Sat.

I have P.E. on Monday. ③

基本のワーク

学習の目標
時間割を英語で言ったりたずねたりできるようになりましょう。

音声

♪a18　教科書 30〜39ページ

① 時間割の言い方

✓言えたらチェック □□□

I have math.
わたしは算数（の授業）があります。

✿「わたしは〜（の授業）があります」は、I have 〜. と言います。「〜」に教科を入れます。

声に出して言ってみよう　□□に入ることばを入れかえて言いましょう。

I have math .
・English　・music
・social studies

表現べんり帳
「わたしたち（のクラス）は〜があります」は、We have 〜. と言います。

② 時間割のたずね方と答え方

✓言えたらチェック □□□

What do you have on Monday?
あなたは月曜日に何（の授業）がありますか。

I have math and science.
わたしは算数と理科（の授業）があります。

✿ある曜日に何（の授業）があるかたずねるときは、What do you have on〈曜日〉? と言います。
✿答えるときは、I have 〜. を使って教科を言います。
✿「算数と理科」のように教科を2つ言うときは、and を使ってつなげます。

声に出して言ってみよう　□□に入ることばを入れかえて言いましょう。

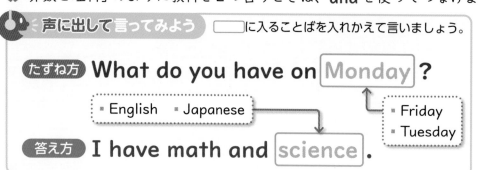

たずね方 What do you have on Monday ?
・English　・Japanese
・Friday　・Tuesday
答え方 I have math and science .

ちょこっとプラス
〈on＋曜日〉で「〜曜日に」という意味です。曜日を表すことばは、文のどこにあっても最初の文字は大文字で書くことに注意しましょう。

ステップアップ 「わたしは火曜日と金曜日に英語（の授業）があります」のように言うときは、on のあとに曜日を and を使ってならべ、I have English on Tuesday and Friday. と言います。

書いて練習のワーク

⭐ 読みながらなぞって、もう1回書きましょう。

I have math.

わたしは算数（の授業）があります。

I have music.

わたしは音楽（の授業）があります。

I have social studies.

わたしは社会科（の授業）があります。

What do you have on Monday?

あなたは月曜日に何（の授業）がありますか。

I have math and science.

わたしは算数と理科（の授業）があります。

I have Japanese and English.

🎧 聞く
🎤 話す
📖 読む
✏️ 書く

わたしは国語と英語（の授業）があります。

 「週末」は weekend ［ウィークエンド］と言うよ。週末の前に人と別れるときは、Have a nice weekend!（よい週末を！）などと言うといいよ。相手から言われたときは、You, too!（あなたもね！）と返事をしよう。

聞いて練習のワーク

教科書 30〜39 ページ　答え 3 ページ

1 音声を聞いて、絵の内容と合っていれば○、合っていなければ×を（ ）に書きましょう。

 ♪ t07

(1)
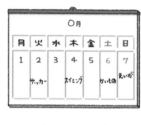

（　　　　）

(2)
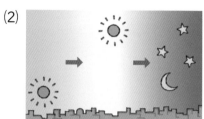

（　　　　）

(3)

（　　　　）

(4)

（　　　　）

2 音声を聞いて、それぞれの曜日に何の授業があるか、░░░ から選んで記号を（ ）に書きましょう。

♪ t08

月曜日	火曜日	水曜日	木曜日	金曜日
(1)　（　　　）	(2)　（　　　）	(3)　（　　　）	(4)　（　　　）	(5)　（　　　）

　ア　国語　　イ　音楽　　ウ　体育　　エ　図画工作　　オ　英語

まとめのテスト

I have P.E. on Monday. 1

1 英語の意味を表す日本語を ⌐‥⌐ から選んで、（　）に書きましょう。　1つ6点〔30点〕

(1) day 　　　　　（　　　　　　　　）

(2) math 　　　　（　　　　　　　　）

(3) week 　　　　（　　　　　　　　）

(4) Tuesday 　　（　　　　　　　　）

(5) social studies 　（　　　　　　　　）

> 日　　週　　火曜日　　算数　　社会科　　家庭科

2 日本語の意味を表す英語の文になるように、⌐‥⌐ から英語を選んで、＿＿ に書きましょう。　1つ5点〔20点〕

(1) あなたは金曜日に何の授業がありますか。

What ＿＿＿ you have ＿＿＿ Friday?

(2) [(1)に答えて] わたしは理科と国語（の授業）があります。

I ＿＿＿ science ＿＿＿ Japanese.

> and　　do　　have　　like　　on　　to

I have P.E. on Monday. ④

基本のワーク

学習の目標・
勉強する教科や何曜日の時間割か英語で言えるようになりましょう。

🔊音声

♪a19 [教科書] 30〜39 ページ

① だれと勉強するかの言い方

✓言えたらチェック □□□

> **I study P.E. with Ichiro.**
> わたしはイチローと体育を勉強します。

❀「わたしは〜を勉強します」は、**I study 〜.** と言います。

❀「〜といっしょに」と言うときは、**with** を使います。

🎧 声に出して言ってみよう　□に入ることばを入れかえて言いましょう。

・math ・Japanese

I study P.E. **with** Ichiro **.** ← ・Ms. Ito ・Ken

📝 表現べんり帳

「〜先生」は、女の先生なら **Ms. 〜**、男の先生なら **Mr. 〜** と言います。

例　Ms. Okada
　　岡田先生（女の先生）

　　Mr. Sato
　　佐藤先生（男の先生）

② 時間割の曜日のたずね方と曜日の答え方

✓言えたらチェック □□□

> **I have English, music, and science. What day is it?**
> わたしは英語と音楽と理科（の授業）があります。何曜日ですか。

> **It's Friday.**
> 金曜日です。

❀時間割を伝えるときは、**I have 〜.**「わたしは〜（の授業）があります」と言います。

❀**What day is it?**（何曜日ですか）を続けると、その曜日をたずねることができます。

❀「〜曜日です」と答えるときは、**It's 〜.** と言います。

🎧 声に出して言ってみよう　□に入ることばを入れかえて言いましょう。

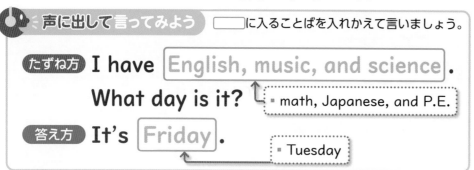

たずね方 **I have** English, music, and science **.**
What day is it? ← ・math, Japanese, and P.E.

答え方 **It's** Friday **.** ← ・Tuesday

➕ ちょこっとプラス

3つ以上のものをならべて言うときは、A, B, C, and D のようにコンマ (,) で区切りながら言って、最後のものの前に and を置きます。

44　文の最後に P.E. のようなピリオドのつくことばがくるときは、ピリオドを2つ重ねることはせずに1つだけにします。　例　I like P.<u>E.</u>　✕ I like P.E..

書いて練習のワーク

⭐ 読みながらなぞって、もう1回書きましょう。

I study P.E. with Ichiro.

わたしはイチローと体育を勉強します。

I study math with Ms. Ito.

わたしは伊藤先生と算数を勉強します。

I have English, music, and science.

わたしは英語と音楽と理科（の授業）があります。

What day is it?

何曜日ですか。

It's Friday.

金曜日です。

It's Tuesday.

火曜日です。

🎧 聞く
🎤 話す
📖 読む
✏️ 書く

 「鈴木先生」のようによびかけるとき、英語では、女の先生なら Ms. Suzuki、男の先生なら Mr. Suzuki と言うんだ。Teacher Suzuki や Suzuki Teacher と言わないようにね。

Lesson 3

聞いて練習のワーク

教科書 30 〜 39 ページ　答え 4 ページ

1 音声を聞いて、絵の内容と合っていれば〇、合っていなければ×を（　）に書きましょう。

♪ t09

(1)
（　　　）

(2)
（　　　）

(3)
（　　　）

(4)
（　　　）

2 曜日あてクイズをしています。音声を聞いて、それぞれの人物が伝えている曜日の時間割を線で結びましょう。

♪ t10

(1) Taku

(2) Emi

(3) Satoru

(4) Yuki

月	火	水	木	金
理科	算数	国語	算数	国語
算数	道徳	英語	国語	算数
体育	理科	図画工作	家庭科	体育
社会科	音楽	図画工作	家庭科	音楽
書写	英語	国語	理科	総合
国語	クラブ	算数	社会科	総合

まとめのテスト

I have P.E. on Monday. 2

勉強した日 ▶ 月 日

得点 /50点

教科書 30〜39 ページ 答え 4 ページ

時間 20分

1 英語の意味を表す日本語を ┈┈ から選んで、( ) に書きましょう。 1つ6点〔30点〕

(1) Japanese （ ）

(2) Wednesday （ ）

(3) calligraphy （ ）

(4) moral education （ ）

(5) Monday （ ）

┈┈┈┈┈┈┈┈┈┈┈┈┈┈┈┈┈┈┈┈┈┈┈┈┈┈┈┈┈┈┈┈┈┈┈┈
月曜日　　水曜日　　土曜日　　国語　　道徳　　書写
┈┈┈┈┈┈┈┈┈┈┈┈┈┈┈┈┈┈┈┈┈┈┈┈┈┈┈┈┈┈┈┈┈┈┈┈

2 日本語の意味に合うように、( ) の中から正しいほうを選んで、◯ で囲みましょう。

1つ4点〔20点〕

(1) わたしはアキと英語を勉強します。

I (have / study) English (with / on) Aki.

(2) わたしは算数と音楽と体育（の授業）があります。何曜日ですか。

I (like / have) math, music, and P.E.

(What / When) day is it?

(3) [(2)に答えて] 木曜日です。

It's (Tuesday / Thursday).

聞く　話す　読む　書く

47

リーディング レッスン

教科書 40 ページ 　答え 4 ページ

⭐ 次の英語の文を３回読みましょう。

✓ 言えたらチェック □ □ □

Greet your friends.

Work together.

Cover!

Hold on!

Don't push.

Don't talk.

greet：〜にあいさつする　　together：いっしょに　　cover：（身を）かばう、守る、保護する　　hold on：しっかりつかまる、（その場を）持ちこたえる　　push：おす

48

英語の文の内容について、次の質問に答えましょう。

(1)「いっしょに働こう、協力しよう」を表す英語の文を左ページから選んで、＿＿ に書きましょう。

(2) 次の文は、地震が起きたときに覚えておくべき大事なことです。左のページの内容に合う文となるように、（　）に日本語を書きましょう。

物が落ちて危険なので、身を（　　　　　　　　　　）ためにつくえの下などにもぐり、その場にじっとしているようにしましょう。

(3) 左のページで示されたひなんするときにしてはいけないことを2つ、（　）に日本語で書きましょう。

・（　　　　　　　　　）いけない　・（　　　　　　　　　）いけない

⭐ 英文をなぞって書きましょう。

Greet your friends.

Work together.

Cover!

Hold on!

Don't push.

Don't talk.

49

This is my dream day. ①

基本のワーク

勉強した日 ▶ 月 日

学習の目標・
時刻を英語で言ったり
たずねたりできるよう
になりましょう。

🔊音声

♪a20　教科書 42〜51 ページ

① 時刻の言い方

✔言えたらチェック ☐☐☐

It's 6 o'clock in the morning.
午前［朝の］6時です。

❀「〜時（ちょうど）です」は、It's〈時〉o'clock. と言います。It'sはIt isを短くした言い方です。

❀「午前〜時」なら in the morning を、「午後〜時」なら in the afternoon をつけて言います。

🔊 声に出して言ってみよう　☐に入ることばを入れかえて言いましょう。

It's |6 o'clock in the morning| **.**

↑

- 2 o'clock in the afternoon　- 4 o'clock in the afternoon

📝 **表現べんり帳**
「〜時（ちょうど）です」
と言うとき、o'clock を
省略することもあります。
例　It's 6.
　（6時です）

② 時刻のたずね方と答え方

✔言えたらチェック ☐☐☐

What time is it in Tokyo?
東京では何時ですか。

It's 7 o'clock in the evening.
夕方7時です。

❀「何時ですか」は、What time is it? と言います。

❀答えるときは、①で習ったように It's〈時刻〉. の形を使います。

🔊 声に出して言ってみよう　☐に入ることばを入れかえて言いましょう。

たずね方 **What time is it in Tokyo?**

答え方 **It's** |7 o'clock in the evening| **.**

↑
11 o'clock in the morning

➕ **ちょこっとプラス**
〈in＋場所〉は「(ある場
所)で[に]」という意味
で使います。
例　It's 5 in Paris.
　（パリでは5時です）

ステップアップ　「午前」は a.m.［エイエム］、「午後」は p.m.［ピーエム］で表すこともあります。また、a.m. も p.m. も o'clock といっしょには使いません。　例　It's 6 a.m.（午前6時です）/ It's 6 p.m.（午後6時です）

書いて練習のワーク

☆ 読みながらなぞって、もう1回書きましょう。

It's 6 o'clock in the morning.

午前［朝の］6時です。

It's 2 o'clock in the afternoon.

午後2時です。

What time is it in Tokyo?

東京では何時ですか。

It's 7 o'clock in the evening.

夕方7時です。

It's 11 o'clock in the morning.

午前11時です。

聞く
話す
読む
書く

 時を表す表現には、in the morning（午前中に）、in the afternoon（午後に）のほかに、in the evening［イーヴニング］（夕方に、晩に）、at noon［ヌーン］（正午に）、at night［ナイト］（夜に）などの言い方もあるよ。

51

This is my dream day. ②

基本のワーク

行動①を表すことばを覚えよう！

⭐ リズムに合わせて、声に出して言いましょう。　✔言えたらチェック □□□　♪a21

☐ **get up**

起きる

☐ **wash my face**

顔をあらう

☐ **have breakfast**

朝食を食べる

☐ **brush my teeth**

歯をみがく

☐ **go to school**

学校へ行く

☐ **do my homework**

宿題をする

☐ **watch TV**

テレビを見る

☐ **take a bath**

ふろに入る

☐ **go to bed**

ねる

 ワードボックス　　　　　　　　　　　　　　　　　♪a22

☐ have lunch　昼食を食べる　　　☐ have dinner　夕食を食べる
☐ change my clothes　服を着がえる　　☐ wash my hands　手をあらう

 ことば解説

「食べる、食事をする」と言うとき、have のほかに eat [イート] を使って表すこともあります。
eat breakfast（朝食を食べる）、eat lunch（昼食を食べる）、eat dinner（夕食を食べる）

書いて練習のワーク

☆ 読みながらなぞって、もう1〜2回書きましょう。

get up

起きる

wash my face

顔をあらう

have breakfast

朝食を食べる

brush my teeth

歯をみがく

go to school

学校へ行く

do my homework

宿題をする

watch TV

テレビを見る

take a bath

ふろに入る

🎧 聞く
🎤 話す
📖 読む
✏️ 書く

go to bed

ねる

英語のトビラ go to bed は「(ねるために)ベッドに行く」という動作を表し、実際にねむっていることを表すわけではないよ。「ねむる、すいみんをとる」ことを表すときには sleep [スリープ] を使うよ。

学習の目標・

行動を表すことばとその頻度を英語で言えるようになりましょう。

 音声

This is my dream day. ③

基本のワーク

教科書 42〜51 ページ

行動②、頻度を表すことばを覚えよう！

⭐ リズムに合わせて、声に出して言いましょう。　✓ 言えたらチェック □□□　♪a23

☐ **clean my room**

部屋をそうじする

☐ **wash the dishes**

皿をあらう

☐ **play video games**

テレビゲームをする

☐ **read books**

本を読む、読書をする

☐ **walk my dog**

イヌの散歩をする

☐ **always**

いつも

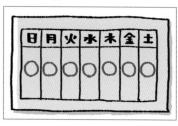

☐ **usually**

たいてい、ふだん

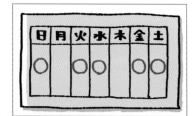

☐ **sometimes**

ときどき

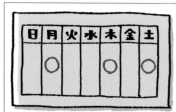

☐ **never**

決して〜ない

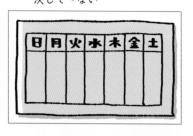

 ワードボックス

♪a24

☐ play tennis　テニスをする

☐ five days a week　週に5日

☐ get the newspaper　新聞を取る

☐ every day　毎日

 発音コーチ

sometimes の o は、口をあまり開けずに、のどのおくのほうでつまったような感じで「ア」と短く言います。

書いて練習のワーク

☆ 読みながらなぞって、もう1回書きましょう。

clean my room

部屋をそうじする

wash the dishes

皿をあらう

play video games

テレビゲームをする

read books

本を読む、読書をする

walk my dog

イヌの散歩をする

always　　　　　　　usually

いつも　　　　　　　たいてい、ふだん

sometimes　　　　　never

ときどき　　　　　　決して〜ない

英語には「ただいま」や「おかえり」にぴったり合う言い方はないよ。家に帰ったときに I'm home.［アイム ホゥ ム］（今、帰りました）と言うこともあるけど、決まった言い方ではないよ。

This is my dream day. ④

基本のワーク

学習の目標・
いろいろな行動を表す
ことばを英語で言える
ようになりましょう。

音声

教科書 42〜51 ページ

行動③を表すことばを覚えよう！

⭐ リズムに合わせて、声に出して言いましょう。　✓言えたらチェック ☐☐☐　♪ a25

☐ **go to the beach**

ビーチに行く

☐ **go hiking**

ハイキングに行く

☐ **go to the movies**

映画に行く

☐ **play cards**

トランプをする

☐ **draw pictures**

絵をかく

☐ **listen to music**

音楽を聞く

☐ **meet my friends**

友達に会う

☐ **eat ice cream**

アイスクリームを食べる

go to 〜 で「〜に行く」という意味だよ。

ワードボックス

♪ a26

☐ go to radio exercises　ラジオ体操に行く　　☐ go to the amusement park　遊園地に行く
☐ go on a picnic　ピクニックに行く　　☐ catch insects　昆虫をとる

ことば解説

「トランプ」は英語で cards と言います。英語で trump［トゥランプ］と言うと「切り札」という意味で、日本語の「トランプ」という意味はないので注意しましょう。

書いて練習のワーク

⭐ 読みながらなぞって、もう1回書きましょう。

go to the beach

ビーチに行く

go hiking

ハイキングに行く

go to the movies

映画に行く

play cards

トランプをする

draw pictures

絵をかく

listen to music

音楽を聞く

meet my friends

友達に会う

eat ice cream

アイスクリームを食べる

go on a picnic

ピクニックに行く

聞く
話す
読む
書く

draw は絵をかくときに使い、文字を書くときは write [ライト] を使うよ。picture は「絵」と「写真」の両方
の意味があるよ。

57

This is my dream day. ⑤

基本のワーク

♪ a27 　教科書 42〜51ページ

学習の目標
何時に何をするかを英語で言えるようになりましょう。

① 何時にするかのたずね方と答え方

✔ 言えたらチェック □□□

What time do you get up?
あなたは何時に起きますか。

I get up at 6.
わたしは6時に起きます。

❀「あなたは何時に〜しますか」は、**What time do you 〜?** と言います。

❀答えるときは、**I 〜 at〈時刻〉.** と言います。「〜」の部分には動作を表すことばを入れます。

🔊 声に出して言ってみよう 　□に入ることばを入れかえて言いましょう。

たずね方 **What time do you** get up **?**

答え方 **I** get up **at 6.**

・have dinner ・watch TV ・take a bath

➕ ちょこっとプラス
at は時刻だけでなく、動作をする場所を表すときにも使います。
例 I study English at school.
（わたしは学校で英語を勉強します）

② 習慣についての言い方

✔ 言えたらチェック □□□

I always wash the dishes.
わたしはいつも皿をあらいます。

❀習慣について「いつも」「たいてい、ふだん」「ときどき」「決して〜ない」などと言うときは、**always、usually、sometimes、never** などの頻度を表すことばを使います。

❀頻度を表すことばは、ふつう動作を表すことばの前に置きます。

🔊 声に出して言ってみよう 　□に入ることばを入れかえて言いましょう。

I always wash the dishes **.**

・walk my dog
・clean my room

・usually ・sometimes

➕ ちょこっとプラス
never を使った文
例 I never play tennis.
（わたしは決してテニスをしません）

ステップアップ 頻度を表すことばを、行動をする回数が多い順にならべると、次のようになります。
always（いつも）> usually（たいてい）> often［オ（ー）フン］（しばしば）> sometimes（ときどき）

書いて練習のワーク

☆ 読みながらなぞって、もう1回書きましょう。

What time do you get up?

あなたは何時に起きますか。

I get up at 6.

わたしは6時に起きます。

What time do you have dinner?

あなたは何時に夕食を食べますか。

I have dinner at 6.

わたしは6時に夕食を食べます。

I always wash the dishes.

わたしはいつも皿をあらいます。

 習慣について言うときに、〈on ＋曜日〉や after［アフタァ］dinner（夕食後に）などのことばを加えることもできるよ。　例　I always do my homework after dinner.（わたしはいつも夕食後に宿題をします）

59

This is my dream day. ⑥

基本のワーク

学習の目標・
することを英語でたず
ねたり答えたりできる
ようになりましょう。

🔊音声

♪a28　教科書 42〜51 ページ

1 することのたずね方

✓言えたらチェック □□□

What do you do
in the morning?
あなたは午前中に何をしますか。

❀ 「あなたは何をしますか」は、**What do you do?** と言います。

❀ 文の最後に**in the morning**（午前中に）、**in the afternoon**（午後に）、**in your free time**（自由な時間に）などの時を表すことばを置くと、ある時間帯などに何をするかをたずねることができます。

🎧 声に出して言ってみよう　□□に入ることばを入れかえて言いましょう。

たずね方 **What do you do** | in the morning | **?**
　　　　・ in the afternoon　・ in your free time

➕ちょこっとプラス

What do you do? の2つ目の**do**は「する、行う」という意味の動作を表すことばです。

2 することのたずね方と答え方

✓言えたらチェック □□□

What do you do in
your free time?
あなたは自由な時間に何をしますか。

I go hiking.
わたしはハイキングに行きます。

❀ **What do you do 〜 ?** には、**I〈動作を表すことば〉.** の形を使って「すること」を答えます。

❀ 動作を表すことばには、**read books**（本を読む）、**listen to music**（音楽を聞く）、**watch TV**（テレビを見る）などがあります。

📝 表現べんり帳

What do you do 〜 ? の「〜」の部分に〈on + 曜日〉を入れることもできます。

例 **What do you do on Sunday?**
（あなたは日曜日に何をしますか）

🎧 声に出して言ってみよう　□□に入ることばを入れかえて言いましょう。

たずね方 **What do you do in your free time?**

答え方 **I** | go hiking | **.**
　　　　・ watch TV　・ walk my dog
　　　　・ listen to music

ステップ
アップ

usually「たいてい」などの頻度を表すことばを使って、What do you usually do in your free time?（あなたは自由な時間にたいてい何をしますか）とたずねることもできます。

書いて練習のワーク

☆読みながらなぞって、もう1～2回書きましょう。

What do you do in the morning?

あなたは午前中に何をしますか。

What do you do in your free time?

あなたは自由な時間に何をしますか。

I go hiking.

わたしはハイキングに行きます。

I watch TV.

わたしはテレビを見ます。

I walk my dog.

わたしはイヌの散歩をします。

I listen to music.

わたしは音楽を聞きます。

聞く
話す
読む
書く

聞いて練習のワーク

教科書 42〜51 ページ　　答え 5 ページ

1 音声を聞いて、絵の内容と合っていれば○、合っていなければ×を（　）に書きましょう。

♪ t11

(1)

（　　　　）

(2)

（　　　　）

(3)

（　　　　）

(4)

（　　　　）

2 音声を聞いて、それぞれの行動をする時刻を（　）に数字で書きましょう。

♪ t12

	行　動	時　刻
(1)	起きる	（　　　　）時
(2)	朝食を食べる	（　　　　）時
(3)	宿題をする	（　　　　）時
(4)	ふろに入る	（　　　　）時
(5)	ねる	（　　　　）時

まとめのテスト

This is my dream day.

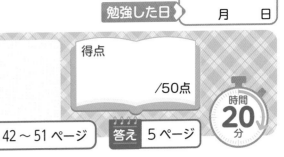

得点

/50点

時間 20分

教科書 42〜51ページ 答え 5ページ

1 英語の意味を表す日本語を線で結びましょう。

1つ5点〔30点〕

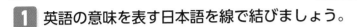

(1) always ・　　　　　　・ たいてい、ふだん

(2) sometimes ・　　　　　　・ 部屋をそうじする

(3) usually ・　　　　　　・ ときどき

(4) never ・　　　　　　・ いつも

(5) walk my dog ・　　　　　　・ イヌの散歩をする

(6) clean my room ・　　　　　　・ 決して〜ない

2 質問に合う答えの英文を から選んで、 に書きましょう。

1つ10点〔20点〕

(1) **What time is it in Tokyo?**

(2) **What do you do in your free time?**

I meet my friends.
I have dinner at 6.
It's 5 o'clock in the afternoon.

聞く
話す
読む
書く

63

勉強した日 ▶ 　月　　日

学習の目標

動作を表すことばを英語で言えるようになりましょう。

🔊音声

I can run fast. ①

基本のワーク

教科書 52〜61 ページ

動作①を表すことばを覚えよう！

⭐ リズムに合わせて、声に出して言いましょう。　✔言えたらチェック □□□　♪a29

☐ **play soccer**

サッカーをする

☐ **play baseball**

野球をする

☐ **play volleyball**

バレーボールをする

☐ **play basketball**

バスケットボールをする

☐ **play the guitar**

ギターをひく

☐ **play the recorder**

リコーダーをふく

☐ **play** *shogi*

将棋をする

☐ **play** *kendama*

けん玉をする

☐ **do** *kendo*

剣道をする

ワードボックス

♪a30

☐ **play the drum** 　たいこをたたく　　☐ **do a handstand** 　逆立ちをする　　☐ **do** *judo* 　柔道をする

☐ **do magic** 　手品をする　　☐ **speak many languages** 　多くの言語を話す

😊 発音コーチ

カタカナ語になっていることばで強く読むところが日本語での読み方とことなるものに気をつけましょう。

例　volleyball　basketball　guitar　recorder　　＊赤文字の部分を強く読みます。

書いて練習のワーク

☆読みながらなぞって、もう1〜2回書きましょう。

play soccer

サッカーをする

play baseball

野球をする

play volleyball

バレーボールをする

play basketball

バスケットボールをする

play the guitar

ギターをひく

play the recorder

リコーダーをふく

play shogi

将棋をする

do kendo

剣道をする

聞く
話す
読む
書く

 英語のトビラ！ ピアノ、ギター、リコーダーなど、「楽器」のことを musical instrument［ミューズィカル インストゥルメント］と言うよ。

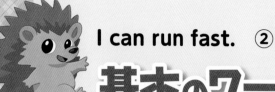

I can run fast. ②

基本のワーク

学習の目標・
動作を表すことばを英語で言えるようになりましょう。

🔊 音声

教科書 52～61 ページ

動作②を表すことばを覚えよう！

⭐ リズムに合わせて、声に出して言いましょう。　✓ 言えたらチェック ☐☐☐　♪ a31

☐ **swim**

泳ぐ

☐ **skate**

スケートをする

☐ **ski**

スキーをする

☐ **dance**

踊（おど）る

☐ **run**

走る

☐ **jump**

とぶ

☐ **cook**

料理をする

☐ **sing**

歌う

☐ **jump rope**

なわとびをする

🗂 ワードボックス

♪ a32

☐ ride a unicycle　一輪車に乗る　　☐ run fast　速く走る　　☐ sing well　上手（じょうず）に歌う
☐ jump high　高くとぶ　　☐ help people　人を助ける　　☐ dance well　上手に踊る

😀 発音コーチ

cook の c と k は、舌（した）の後ろのほうをのどのおくに近づけて息を止め、「クッ」と息だけで発音します。日本語の「クッ」に近い音です。

書いて練習のワーク

☆ 読みながらなぞって、何回か書きましょう。

swim

泳ぐ

skate

スケートをする

ski

スキーをする

dance

踊る

run

走る

jump

とぶ

cook

料理をする

sing

歌う

jump rope

なわとびをする

🎧 聞く
🎤 話す
📖 読む
✏ 書く

 bike［バイク］はふつう、「自転車」（bicycle［バイスィクル］）のことをさすよ。日本語の「バイク」のことはふつう motorcycle［モウタサイクル］と言うよ。

I can run fast. ③

基本のワーク

学習の目標
できることを英語で言ったりたずねたりできるようになりましょう。

♪a33 教科書 52〜61ページ

① できること・できないことの言い方

☑言えたらチェック ☐☐☐

I can play the piano.
わたしはピアノをひくことができます。

I can't play the recorder.
わたしはリコーダーをふくことができません。

🍀「わたしは〜することができます」は、I can 〜. と言います。

🍀「わたしは〜することができません」は、I can't 〜. と言います。

🍀「〜」には、動作を表すことばが入ります。

🕐 声に出して言ってみよう 　☐に入ることばを入れかえて言いましょう。

I can [play the piano].

・dance　・ski

I can't [play the recorder].

・swim　・skate

➕ちょこっとプラス

can't のかわりに、cannot［キャナト］と言うこともあります。
会話ではふつう、can't を使います。

② できるかどうかのたずね方と答え方

☑言えたらチェック ☐☐☐

Can you swim?
あなたは泳ぐことができますか。

Yes, I can.
はい、できます。

🍀「あなたは〜することができますか」は、Can you 〜? と言います。

🍀「はい、できます」は Yes, I can.、「いいえ、できません」は No, I can't. と言います。

🕐 声に出して言ってみよう 　☐に入ることばを入れかえて言いましょう。

たずね方 Can you [swim]?　・cook　・jump rope

答え方 Yes, I can. / No, I can't.

📝表現べんり帳

Can you 〜? は、相手の能力についてたずねるので失礼になることもあります。かわりに、Do you 〜? と言います。

ステップアップ

Can you 〜? には「〜してくれますか」という意味もあります。相手に何かをたのむときに使います。
例 Can you wash the dishes?（皿をあらってくれますか）

書いて練習のワーク

☆ 読みながらなぞって、もう1回書きましょう。

I can play the piano.

わたしはピアノをひくことができます。

I can't play the recorder.

わたしはリコーダーをふくことができません。

Can you swim?

あなたは泳ぐことができますか。

Yes, I can.

はい、できます。

No, I can't.

いいえ、できません。

Can you jump rope?

聞く
話す
読む
書く

あなたはなわとびをすることができますか。

 unicycle の uni は「1つの」という意味を表しているよ。bicycle（自転車 = bike）の bi は「2つの」、tricycle［トゥライスィクル］（三輪車）の tri は「3つの」という意味を表しているよ。

69

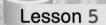

学習の目標
何ができるか英語でたずねたり答えたりできるようになりましょう。

 音声

I can run fast. ④

♪ a34 　教科書 52〜61ページ

① ほかの人ができることの言い方

✓ 言えたらチェック ☐☐☐

He can dance well.
彼は上手に踊ることができます。

She can play soccer well.
彼女は上手にサッカーをすることができます。

❀「彼は〜することができます」は、**He can 〜.** と言います。**He** は男性に対して使います。

❀「彼女は〜することができます」は、**She can 〜.** と言います。**She** は女性に対して使います。

🔊 声に出して言ってみよう 　　☐に入ることばを入れかえて言いましょう。

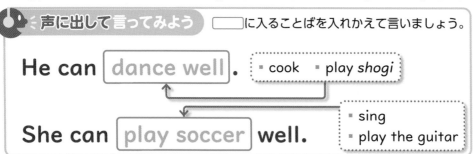

He can dance well . ・cook ・play *shogi*

She can play soccer well. ・sing ・play the guitar

➕ ちょこっとプラス
「彼は〜することができません」は He can't 〜.、「彼女は〜することができません」は She can't 〜.と言います。

② 何ができるかのたずね方と答え方

✓ 言えたらチェック ☐☐☐

What can you do?
あなたは何をすることができますか。

I can speak English.
わたしは英語を話すことができます。

Hi !!　How are you?

❀「あなたは何をすることができますか」は、**What can you do?** と言います。

❀答えるときは、**I can 〜.** を使って具体的にできることを言います。

🔊 声に出して言ってみよう 　　☐に入ることばを入れかえて言いましょう。

たずね方 **What can you do?**

答え方 **I can** speak English **.**

・skate ・play *kendama* ・jump rope

📝 表現べんり帳
「だれが〜することができますか」の文
例 Who can dance?
（だれが踊れますか）

ステップアップ Who can 〜? に答えるときは、〜 can. の形で「〜」にできる人を具体的に示して言います。
例 Who can play the guitar? ― I can. （だれがギターをひけますか ― わたしがひけます）

書いて練習のワーク

⭐ 読みながらなぞって、もう1回書きましょう。

He can dance well.

彼は上手に踊ることができます。

She can play soccer well.

彼女は上手にサッカーをすることができます。

What can you do?

あなたは何をすることができますか。

I can speak English.

わたしは英語を話すことができます。

I can skate.

わたしはスケートをすることができます。

I can jump rope.

わたしはなわとびをすることができます。

相手ができることなどを聞いて、「すごいね！」と言いたいときは、Great! [グレイト]、Cool! [クール]、Excellent! [エクセレント]、Amazing! [アメイズィング] などと言えばいいよ。

聞いて練習のワーク

勉強した日 〉 月 日

できた数

／8問中

 音声

教科書 52〜61ページ 答え 6ページ

1 音声を聞いて、読まれた内容に合う絵を下から選んで、記号を（ ）に書きましょう。

(1) ( ) (2) ( ) (3) ( ) (4) ( )

♪ t13

ア

イ

ウ

エ

2 音声を聞いて、それぞれの人ができることを線で結びましょう。

♪ t14

(1)

Satoru

(2)

Emi

(3)

Ken

(4)

Yuki

まとめのテスト

I can run fast.

1 日本語の意味に合うように、（ ）の中から正しいほうを選んで、 ▢ で囲みましょう。

1つ5点〔20点〕

(1) 彼女は一輪車に乗ることができます。

（ He / She) can ride a unicycle.

(2) わたしは上手に踊ることができません。

I (can / can't) dance well.

(3) あなたは何をすることができますか。

（ What / When) can you do?

(4) [(3)に答えて] わたしは速く走ることができます。

I (do / can) run fast.

2 右のメモを見て、タクになったつもりで質問に合う答えの英文を ┊┄┄┊ から選んで、 ___ に書きましょう。同じものを何度使ってもかまいません。

1つ10点〔30点〕

(1) Can you play the recorder?

_____

(2) Can you cook?

_____

(3) Can you play volleyball?

_____

タクのメモ
【できること】
・リコーダー
・バレーボール
【できないこと】
・ピアノ
・料理

Yes, I can. / No, I can't. / Yes, I do. / No, I don't.

聞く
話す
読む
書く

Where do you want to go? ①

基本のワーク

学習の目標・
自然や建物、行事など
を表す英語を言えるよ
うになりましょう。

🔊音声

教科書　62〜75ページ

自然、建物、行事を表すことばを覚えよう！

⭐ リズムに合わせて、声に出して言いましょう。　✓言えたらチェック □□□　♪a35

□ **island** 　複 islands
島

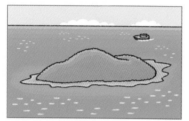

□ **lake** 　複 lakes
湖

□ **shrine** 　複 shrines
神社

□ **temple** 　複 temples
寺

□ **castle** 　複 castles
城

□ **park** 　複 parks
公園

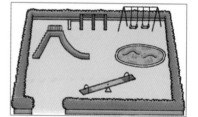

□ **bridge** 　複 bridges
橋

□ **festival** 　複 festivals
祭り

□ **firework** 　複 fireworks
花火

🗃️ワードボックス　♪a36

□ Sado Island 　佐渡島（さどがしま）　□ Yakushima Island 　屋久島（やくしま）　□ Itsukushima Shrine 　厳島神社（いつくしまじんじゃ）
□ Rokuonji Temple[Kinkakuji] 　鹿苑寺[金閣寺]（ろくおんじ きんかくじ）　□ Yosakoi Festival 　よさこい祭り

😀発音コーチ

island の s、castle の t は発音しません。このような発音しない文字を黙字（もくじ）と言います。
例　Wednesday [ウェンズデイ]　autumn [オータム]　night [ナイト]（夜）　　　＊赤文字の部分が黙字です。

複…2つ以上のときの形

書いて練習のワーク

⭐ 読みながらなぞって、何回か書きましょう。

island

島

lake

湖

shrine

神社

temple

寺

castle

城

park

公園

bridge

橋

festival

祭り

firework

花火

英語のトビラ！ アメリカでは、火事の防止や治安の問題などから、大きなイベント以外の個人的な花火が規制・禁止されている州が多いよ。日本のように、家族や友達と外で花火をすることはできないんだ。

Where do you want to go? ②

基本のワーク

 音声

学習の目標
動作や状態・様子を表す英語を言えるようになりましょう。

教科書 62〜75ページ

動作③、状態・様子を表すことばを覚えよう！

⭐ リズムに合わせて、声に出して言いましょう。　✔言えたらチェック □□□　♪a37

□ **see**
見る、見える

□ **eat**
食べる

□ **buy**
買う

□ **enjoy**
楽しむ

□ **beautiful**
美しい

□ **delicious**
とてもおいしい

□ **exciting**
わくわくさせる

□ **fun**
楽しいこと

□ **great**
すばらしい、すごい

ワードボックス　♪a38

□ season(s) 季節　□ spring 春　□ summer 夏　□ autumn/fall 秋
□ winter 冬　□ beef 牛肉　□ monkey(s) サル　□ famous 有名な

ことば解説

「おいしい！」と思わず言うときは、delicious より Good! / Great! / Wonderful! [ワンダフル] / Yummy! [ヤミィ] などを使います。おいしくないことを表すときは Bad! [バッド] などを使います。

書いて練習のワーク

⭐ 読みながらなぞって、何回か書きましょう。

see

見る、見える

eat

食べる

buy

買う

enjoy

楽しむ

beautiful

美しい

delicious

とてもおいしい

exciting

わくわくさせる

fun

楽しいこと

聞く
話す
読む
書く

great

すばらしい、すごい

英語には「いただきます」や「ごちそうさま」にあたる決まった言い方はないよ。It looks [ルックス] delicious.（とてもおいしそうですね）や It was [ワズ] delicious.（とてもおいしかったです）などと言うといいよ。

学習の目標・
行きたい場所を英語で
たずねたり答えたりで
きるようになりましょう。

🔊音声

Where do you want to go? ③

基本のワーク

♪a39 ｜教科書｜ 62〜75 ページ

① 行きたい場所のたずね方と答え方

✅言えたらチェック □□□

Where do you want to go?
あなたはどこへ行きたいですか。

I want to go to Nara.
わたしは奈良へ行きたいです。

✿「あなたはどこへ行きたいですか」は、**Where do you want to go?** と言います。

✿答えるときは、**I want to go to 〜.** を使って行きたい場所を言います。

🔘 声に出して言ってみよう □□に入ることばを入れかえて言いましょう。

たずね方 **Where do you want to go?**

答え方 **I want to go to** Nara.

・Aomori
・Osaka
・Hokkaido

➕ちょこっとプラス
where の使い方
例 Where do you run?
（あなたはどこで走り
ますか）

② 行きたい理由のたずね方と答え方

✅言えたらチェック □□□

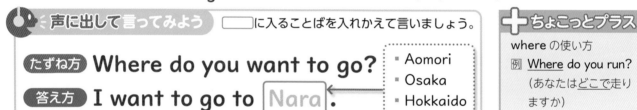

Why?
なぜですか。

I want to see many temples.
わたしはたくさんの寺を見たいのです。

✿「なぜですか」と理由をたずねるときは、**Why?** と言います。

✿理由を答えるときは、**I want to 〜.** を使ってしたいことを言います。

🔘 声に出して言ってみよう □□に入ることばを入れかえて言いましょう。

たずね方 **Why?**

・see the Nebuta Festival
・eat *takoyaki*　・buy *marimo*

答え方 **I want to** see many temples.

➕ちょこっとプラス
理由を述べるときの
because［ビコーズ］
例 Because I want
to see many
temples.（たくさんの
寺を見たいから
です）

ステップ
アップ 「あなたは〜へ行きたいですか」とたずねるときは Do you want to go to〜? と言います。答えるときは、Yes,
I do.（はい、行きたいです）/ No, I don't.（いいえ、行きたくありません）と言います。

書いて練習のワーク

★ 読みながらなぞって、もう1〜2回書きましょう。

Where do you want to go?

あなたはどこへ行きたいですか。

I want to go to Nara.

わたしは奈良へ行きたいです。

Why?

なぜですか。

I want to see many temples.

わたしはたくさんの寺を見たいのです。

I want to eat takoyaki.

わたしはたこ焼きが食べたいのです。

 map［マップ］は「（1枚の）地図」のこと。「地図帳」は atlas［アトゥラス］と言うんだ。ギリシャ神話の天を支える神 Atlas が 16 世紀の地図帳にかかれていたことから、こうよぶようになったと言われているよ。

Where do you want to go?　④

基本のワーク

学習の目標・
いつ行きたいかやそこで
できることを英語で言え
るようになりましょう。

🔊音声

♪a40　教科書 62〜75ページ

① いつ行きたいかの言い方

✅言えたらチェック □□□

I want to go to Nagano in summer with my friends.
わたしは夏に友達と長野へ行きたいです。

✿「わたしは〜へ行きたいです」は **I want to go to 〜 .** と言います。

✿〈in＋季節〉を続けると、行きたい季節を伝えることができます。

✿〈with＋人〉を続けると、いっしょに行きたい人を伝えることができます。

🔊 声に出して 言ってみよう 　□□に入ることばを入れかえて言いましょう。

I want to go to Nagano ← ・ Kyoto
・ Miyagi

in summer with my friends .
　↑
・ spring with my family　・ autumn with my brother

くらべよう

季節や月の in、曜日の
on、時刻の at
例 go to Tokyo in April
（4月に東京に行く）
go to Tokyo on Sunday
（日曜日に東京に行く）
go to school at 8
（8時に学校に行く）

② その場所でできることの言い方

✅言えたらチェック □□□

We can enjoy hot springs.　It's fun.
（そこで）わたしたちは温泉を楽しむことができます。それは楽しいです。

✿「（そこで）わたしたちは〜することができます」は、**We can 〜 .** と言います。

🔊 声に出して 言ってみよう 　□□に入ることばを入れかえて言いましょう。

We can enjoy hot springs .
It's fun.
　↑
・ ski
・ see the festival
・ eat delicious beef

表現べんり帳

相手の話を聞いて
「（それは）よさそうだね」
「いいね」と言うときは、
Sounds [サウンヅ] nice!
などと言います。

ステップ
アップ
It's fun. は「（それは）楽しいよ」という意味です。「すごく楽しいよ」と強く言いたいときは、It's a lot of [ア
ラット アヴ] fun. / It's really [リー（ア）リィ] fun. などと言います。

書いて練習のワーク

☆ 読みながらなぞって、書きましょう。

I want to go to Nagano in summer
with my friends.

わたしは夏に友達と長野へ行きたいです。

I want to go to Kyoto in spring
with my family.

わたしは春に家族と京都へ行きたいです。

We can enjoy hot springs.

（そこで）わたしたちは温泉を楽しむことができます。

We can ski.

（そこで）わたしたちはスキーをすることができます。

We can see the festival.

（そこで）わたしたちは祭りを見ることができます。

聞く
話す
読む
書く

It's fun.

それは楽しいです。

 アメリカのアーカンソー州に、Hot Springs（ホットスプリングス）という名前の都市があるよ。その名のとおり、温泉（＝hot spring）で有名なんだ。古くから温泉が利用されていた地域で、国立公園もあるよ。

聞いて練習のワーク

教科書　62〜75 ページ　答え　7 ページ

1 音声を聞いて、絵の内容と合っていれば〇、合っていなければ×を（　）に書きましょう。

t15

(1)

（　　　　）

(2)

（　　　　）

(3)

（　　　　）

(4)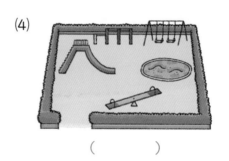

（　　　　）

2 音声を聞いて、読まれた内容に合う絵を下から選んで、記号を（　）に書きましょう。

t16

(1) （　　　　）　　(2) （　　　　）　　(3) （　　　　）　　(4) （　　　　）

ア

イ

ウ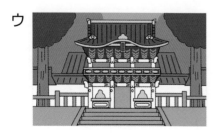

エ

まとめのテスト

Where do you want to go?

得点

/50点

時間 **20** 分

1 英語の意味を表す日本語を ⌐ から選んで、（　）に書きましょう。　　　　1つ5点〔30点〕

(1) lake 　　　　　（　　　　　　　　　）

(2) park 　　　　　（　　　　　　　　　）

(3) firework 　　　（　　　　　　　　　）

(4) great 　　　　　（　　　　　　　　　）

(5) famous 　　　　（　　　　　　　　　）

(6) winter 　　　　（　　　　　　　　　）

> 公園　　島　　湖　　花火　　冬　　有名な　　すばらしい

2 質問に合う答えの英文を ⌐ から選んで、＿＿ に書きましょう。　　　　1つ10点〔20点〕

(1) **Where do you want to go?**

(2) ［(1)の答えに対して］ **Why?**

> I want to eat beef.
> Yes, I do.
> I want to go to Mie.

聞く
話す
読む
書く

83

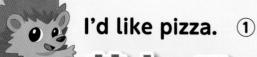

I'd like pizza. ①

基本のワーク

学習の目標・
食べ物を表すことばを
英語で言えるようにな
りましょう。

 音声

教科書 76～85ページ

食べ物②を表すことばを覚えよう！

⭐ リズムに合わせて、声に出して言いましょう。　✓言えたらチェック □□□　♪a41

☐ **pizza**

ピザ

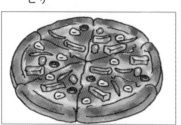

☐ **sandwich**　複 sandwiches

サンドイッチ

☐ **hamburger**　複 hamburgers

ハンバーガー

☐ **spaghetti**

スパゲッティ

☐ **steak**　複 steaks

ステーキ

☐ **omelet**　複 omelets

オムレツ

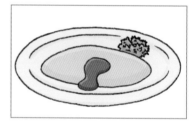

☐ **salad**

サラダ

☐ **soup**

スープ

☐ **fried chicken**

フライドチキン

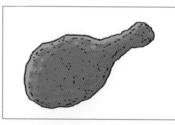

ワードボックス

♪a42

☐ main dish(es)　主菜　　☐ grilled fish　焼き魚　　☐ curry and rice　カレーライス

☐ menu(s)　メニュー　　☐ bacon　ベーコン　　☐ pork　ぶた肉　　☐ chicken　とり肉

発音コーチ

hamburger や menu の m は、くちびるをとじて、舌をどこにもつけず声を鼻から出して発音します。
nice や nine の n は、舌の先を上の歯ぐきのうらにあてて、声を鼻から出して発音します。

複…2つ以上のときの形

書いて練習のワーク

⭐ 読みながらなぞって、もう1〜2回書きましょう。

pizza

ピザ

sandwich

サンドイッチ

hamburger

ハンバーガー

spaghetti

スパゲッティ

steak

ステーキ

omelet

オムレツ

salad

サラダ

soup

スープ

🎧 聞く
🎤 話す
📖 読む
✏️ 書く

fried chicken

フライドチキン

 日本語の「ハンバーガー」はふつう丸いパンの間にひき肉のパティなどをはさんだサンドイッチ（の一種）をさすけれど、英語の hamburger は日本で「ハンバーグ（ステーキ）」とよんでいる料理もふくむよ。

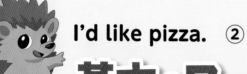

I'd like pizza. ②

基本のワーク

飲み物・デザートを表すことばを覚えよう！

⭐ リズムに合わせて、声に出して言いましょう。　✓言えたらチェック □□□　♪a43

□ **drink**

飲み物

□ **water**

水

□ **coffee**

コーヒー

□ **tea**

こうちゃ
紅茶、茶

□ **orange juice**

オレンジジュース

□ **milk**

ぎゅうにゅう
牛乳

□ **ice cream**

アイスクリーム

□ **pudding**

プリン

□ **cake**

ケーキ

Word ワードボックス

♪a44

□ dessert　デザート　　　□ green tea　緑茶　　　□ melon soda　メロンソーダ

□ apple pie　アップルパイ　□ chocolate　チョコレート　□ parfait　パフェ

ことば解説

飲み物は、お店で注文するときは one coffee（コーヒー1つ）、two coffees（コーヒー2つ）のように言いますが、ふつうは a cup of coffee、two cups of coffee のように a cup of を使って言います。

書いて練習のワーク

⭐ 読みながらなぞって、もう1〜2回書きましょう。

drink

飲み物

water

水

coffee

コーヒー

tea

紅茶、茶

orange juice

オレンジジュース

milk

牛乳

ice cream

アイスクリーム

pudding

プリン

cake

ケーキ

聞く
話す
読む
書く

 tea はふつう「紅茶」をさすけれど、ほかの種類のお茶と区別して black [ブラック] tea と言うこともあるよ。
「緑茶、日本茶」は green tea や Japanese tea、「ウーロン茶」は oolong [ウーロ (ー) ング] tea と言うよ。

学習の目標
注文するものを英語で
たずねたり言ったりで
きるようになりましょう。

I'd like pizza. ③

基本のワーク

♪ a45　教科書 76〜85ページ

1 お店でのやりとり①

✓ 言えたらチェック □□□

What would you like?
何になさいますか。

I'd like a hamburger and milk.
ハンバーガーと牛乳をお願いします。

✿ レストランなどで注文をとるときは、**What would you like?**（何になさいますか）などと言います。これは **What do you want?**（何がほしいですか）のていねいな言い方です。

✿ 答えるときは、**I'd like 〜.**（〜をお願いします）と言います。**I want 〜.** のていねいな言い方です。

🔊 声に出して言ってみよう　□□に入ることばを入れかえて言いましょう。

💡 思い出そう
2種類以上のものを注文するときは and を使います。
I'd like A and B. /
I'd like A, B, and C.

たずね方 **What would you like?**

答え方 **I'd like** | a hamburger | **and** | milk |.

・pizza ・a sandwich　　・coffee ・pudding

2 お店でのやりとり②

✓ 言えたらチェック □□□

Check, please.
会計をお願いします。

Here you are. That's 800 yen.
はい、どうぞ。800円です。

✿ レストランなどで会計をするときは、**Check, please.**（会計をお願いします）と言います。

✿「はい、どうぞ」と人に物を手わたすときは、**Here you are.** と言います。

✿ 金額を伝えるときは、**That's 〜 yen.**（〜円です）と言います。

🔊 声に出して言ってみよう　□□に入ることばを入れかえて言いましょう。

📕 表現べんり帳
「100」は hundred で表します。
800：eight hundred
850：eight hundred fifty

Check, please.
— Here you are. That's | 800 | **yen.**

・900 ・500 ・730

ステップアップ 「いくらですか」とねだんをたずねるときは How much［マッチ］(is it)? と言います。How much (is it) all［オール］together［トゥゲザァ］?（全部でいくらですか）という言い方も覚えておきましょう。

書いて練習のワーク

☆ 読みながらなぞって、もう1回書きましょう。

What would you like?

何になさいますか。

I'd like a hamburger and milk.

ハンバーガーと牛乳をお願いします。

Check, please.

会計をお願いします。

Here you are.

はい、どうぞ。

That's 800 yen.

800 円です。

 英語の トビラ！ 人に食べ物や飲み物などをすすめるときは、Would you like ～? と言うよ。
例 Would you like green tea?（緑茶はいかがですか）

聞いて練習のワーク

できた数

／8問中

教科書　76〜85ページ　　答え　8ページ

1 音声を聞いて、英語に合う絵を下から選んで、記号を（　）に書きましょう。　♪ t17

(1)（　　　）　(2)（　　　）　(3)（　　　）　(4)（　　　）

ア

イ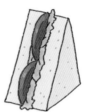

ウ

エ

2 音声を聞いて、それぞれの人がほしいものを線で結びましょう。　♪ t18

(1)

Ken

(2)

Yuki

(3)

Emi

(4)

Satoru

 まとめのテスト

I'd like pizza.

得点

/50点

時間 **20** 分

教科書 76〜85 ページ　　答え 8 ページ

1 日本語の意味に合うように、（　）の中から正しいほうを選んで、◯で囲みましょう。

1つ4点〔20点〕

(1) ステーキ　　（ omelet / steak ）

(2) 飲み物　　（ soup / drink ）

(3) 水　　　　（ water / tea ）

(4) 700　　　（ seven hundred / seventy ）

(5) 210　　　（ two hundred / two hundred ten ）

2 日本語の意味を表す英語の文になるように、░░░から英語を選んで、──に書きましょう。
文の最初にくることばは大文字で書きはじめましょう。　　　1つ10点〔30点〕

(1) 何になさいますか。

What ＿＿＿＿＿＿＿ you like?

(2) [(1)に答えて] コーヒーをお願いします。

＿＿＿＿＿＿＿ like coffee.

(3) [物を手わたして] はい、どうぞ。

＿＿＿＿＿＿＿ you are.

- -
is　　would　　I'd　　I'm　　that's　　here
- -

聞く
話す
読む
書く

リーディング レッスン

教科書 86 ページ　答え 8 ページ

⭐ 次の英語の文章を 3 回読みましょう。

✓ 言えたらチェック □ □ □

A Good Idea!

 : Go back....

Oh! I'm sorry.

🐻 : Don't worry.

 : ......

🐺 : Oh!

🐰 : Oh!

🐺 : Don't worry.

I have a good idea!

🐰 : Thank you!

🐺 : It's OK!

I feel good.

Don't worry. : 心配しないで。　　have a good idea : よい考えがある
It's OK！: どういたしまして！　　I feel good. : よい気分だ。

文章の内容について、次の質問に答えましょう。

(1) 内容に合う文となるように、( )に日本語を書きましょう。

① クマはオオカミに、「( )」と言いました。

② オオカミはウサギにお礼を言われて、( )気分になりました。

(2) あやまるとき、お礼を言うときに使うことばを、＝＝＝に左ページで使われている英語で書きましょう。

・あやまるとき

・お礼を言うとき

(3) オオカミが言った I have a good idea! とはどんな方法ですか。( )に日本語を書きましょう。

オオカミもウサギも道を( )なくてすむ方法

✿英文をなぞって書きましょう。

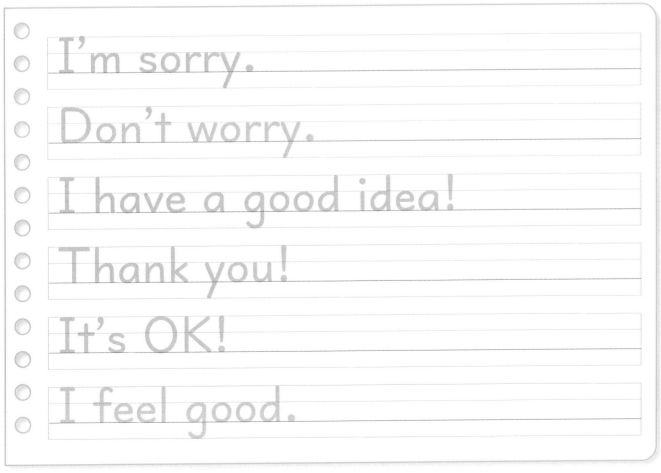

I'm sorry.

Don't worry.

I have a good idea!

Thank you!

It's OK!

I feel good.

Where is the station? ①

学習の目標・
町の施設を表すことば
を英語で言えるように
なりましょう。

 🔊 音声

基本のワーク

教科書 88 ～ 97 ページ

町の施設を表すことばを覚えよう！

⭐ リズムに合わせて、声に出して言いましょう。　　✔言えたらチェック ☐☐☐　♪ a46

☐ **station**
　　　　　　　複 stations
駅

☐ **library**
　　　　　　複 libraries
図書館、図書室

☐ **museum**
　　　　　　複 museums
博物館、美術館

☐ **hospital**
　　　　　複 hospitals
病院

☐ **supermarket**
　　　　　　複 supermarkets
スーパーマーケット
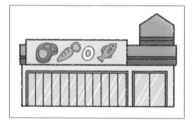

☐ **restaurant**
　　　　　複 restaurants
レストラン

☐ **factory**
　　　　複 factories
工場
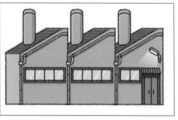

☐ **post office**
　　　　　複 post offices
郵便局

☐ **police box**
　　　　　複 police boxes
交番

ワードボックス
♪ a47

☐ bookstore(s) 書店　　☐ convenience store(s) コンビニエンスストア
☐ flower shop(s) 生花店　☐ city hall(s) 市役所　☐ police station(s) 警察署

発音コーチ

station、store の s は、舌の先を上の歯ぐきのうらに近づけて、その間から息を出します。shop の sh
は、舌を上の奥歯に近づけて、くちびるを丸くつき出すようにして息を出します。

複…２つ以上のときの形

☆ 読みながらなぞって、1〜2回書きましょう。

station

駅

library

図書館、図書室

museum

博物館、美術館

hospital

病院

supermarket

スーパーマーケット

restaurant

レストラン

factory

工場

post office

郵便局

police box

交番

 supermarket や convenience store を、日本語では短く「スーパー」「コンビニ」と言うけれど、これは英語では通じないよ。「デパート」も、英語では department［ディパートゥメント］store と言うよ。

勉強した日　月　日

Where is the station? ②

基本のワーク

音声

教科書 88 ～ 97 ページ

学校内の場所を表すことばを覚えよう！

リズムに合わせて、声に出して言いましょう。　言えたらチェック □□□　♪a48

☐ **classroom**
　　　　　　　　　　　　複classrooms
　教室

☐ **gym**
　体育館

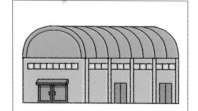

☐ **restroom**
　　　　　　　　　複restrooms
　トイレ

☐ **science room**
　理科室

☐ **music room**
　音楽室

☐ **teachers' office**
　職員室

☐ **school office**
　事務室

☐ **school nurse's office**
　保健室

☐ **school principal's office**
　校長室

ワードボックス　♪a49

☐ school(s)　学校　　☐ playground(s)　運動場　　☐ house(s)　家

☐ bus stop(s)　バス停　　☐ music hall(s)　音楽ホール　　☐ movie theater(s)　映画館

発音コーチ

room の r は、舌先をどこにもつけずに上げ、おくに引っこめるようにして「ル」と声を出します。
school の l は、舌先を上の歯ぐきのうらにつけ、その両側から「ル」と声を出します。

複…2つ以上のときの形

書いて練習のワーク

⭐ 読みながらなぞって、もう1回書きましょう。

classroom

教室

gym

体育館

restroom

トイレ

science room

理科室

music room

音楽室

teachers' office

職員室

school nurse's office

保健室

school principal's office

校長室

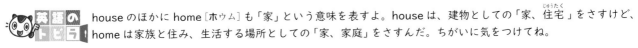 house のほかに home [ホウム] も「家」という意味を表すよ。house は、建物としての「家、住宅」をさすけど、home は家族と住み、生活する場所としての「家、家庭」をさすんだ。ちがいに気をつけてね。

聞く
話す
読む
書く

学習の目標・
行きたい場所を英語で
たずねたり答えたりで
きるようになりましょう。

🔊 音声

Where is the station?　③

基本のワーク

♪ a50　教科書 88～97ページ

① 行き方のたずね方と答え方〔町で〕

☑ 言えたらチェック □□□

**Where is
the station?**
駅はどこですか。

Go straight.
まっすぐに行ってください。
**Turn right at
the first corner.**
最初の角を右に曲がってください。

❀「～はどこですか」は、Where is ～? と言います。「～」に場所を表すことばを入れます。

❀「まっすぐに行ってください」は、Go straight. と言います。

❀「右［左］に曲がってください」は、Turn right[left]. と言います。

表現べんり帳
曲がる地点の言い方
・at the second
　corner
　（2つめの角で）
・at the next［ネクスト］
　traffic light
　［トゥラフィク ライト］
　（次の信号で）

🔊 **声に出して言ってみよう** □□に入ることばを入れかえて言いましょう。

〔たずね方〕 Where is the station ?　← the library

〔答え方〕 Go straight.　← second
　　　　Turn right at the first corner.

② 行き方のたずね方と答え方〔学校で〕

☑ 言えたらチェック □□□

**Where is
the music room?**
音楽室はどこですか。

Turn left here.
ここを左に曲がってください。
**It's the third room
on your right.**
右側の3つめの部屋です。

❀「右［左］側の～つめの部屋です」は、It's the ～ room on your right[left]. と言います。

🔊 **声に出して言ってみよう** □□に入ることばを入れかえて言いましょう。

〔たずね方〕 Where is the music room ?

〔答え方〕 Turn left here.　← the restroom　　left →
　　　　It's the third room on your right .

表現べんり帳
道案内などをして、
Thank you. とお礼を言
われたら、No problem
［プラブレム］. （どういたし
まして）などと答えます。

 「（その）通りをわたってください、そうすれば右［左］側にあります」は Cross［クロース］the street［ストゥリート］, and it's on your right[left]. と言います。

書いて練習のワーク

☆ 読みながらなぞって、もう1回書きましょう。

Where is the station?

駅はどこですか。

Go straight.

まっすぐに行ってください。

Turn right at the first corner.

最初の角を右に曲がってください。

Where is the music room?

音楽室はどこですか。

Turn left here.

ここを左に曲がってください。

It's the third room on your right.

右側の3つめの部屋です。

 道をたずねるときなどに「すみませんが」と人に話しかけるときは、Excuse me.［イクスキューズ ミー］と言うよ。
道のたずね方には How can I get to ～?［ハウ キャン アイ ゲット トゥー］（～へはどう行きますか）もあるよ。

99

聞いて練習のワーク

教科書 88～97ページ　答え 9ページ

1 音声を聞いて、絵の内容と合っていれば○、合っていなければ×を（　）に書きましょう。

♪ t19

(1)　（　　　）

(2)　（　　　）

(3)　（　　　）

(4)　（　　　）

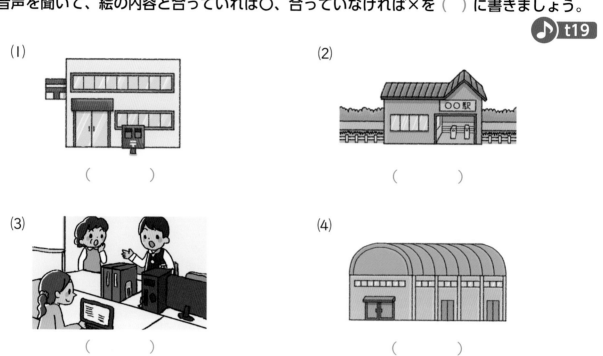

2 音声を聞いて、読まれた内容に合う絵を選んで、記号を○で囲みましょう。

♪ t20

(1)　ア　　　イ

(2)　ア　　　イ

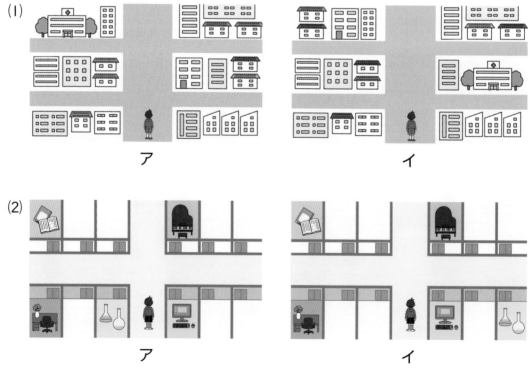

Where is the station?　1

得点

/50点

時間 **20** 分

教科書 88〜97ページ　答え 9ページ

1 英語の意味を表す日本語を線で結びましょう。

1つ6点〔30点〕

(1) factory　・　　　・ トイレ

(2) restaurant　・　　　・ 職員室

(3) police box　・　　　・ 交番

(4) teachers' office　・　　　・ 工場

(5) restroom　・　　　・ レストラン

2 日本語の意味を表す英語の文になるように、□□□から英語を選んで、＿＿に書きましょう。
文の最初にくることばは大文字で書きはじめましょう。

1つ5点〔20点〕

(1) 音楽室はどこですか。

＿＿＿＿＿ is the music room?

(2) あの角を右に曲がってください。

Turn ＿＿＿＿＿ at that corner.

(3) それは2つめの部屋です。

It's the ＿＿＿＿＿ room.

(4) それは左側にあります。

It's on your ＿＿＿＿＿.

left　right　second　third　when　where

101

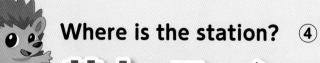

Where is the station? ④

基本のワーク

学習の目標・
身近なものや、それが
ある位置を英語で言え
るようになりましょう。

 音声

教科書 88～97 ページ

位置、身のまわりのもの②を表すことばを覚えよう！

⭐ リズムに合わせて、声に出して言いましょう。　✓ 言えたらチェック □□□　♪ a51

☐ **by**
そばに

☐ **in**
中に

☐ **on**
上に

☐ **under**
下に

☐ **near**
近くに

☐ **table** 複 tables
テーブル

☐ **chair** 複 chairs
いす

☐ **box** 複 boxes
箱
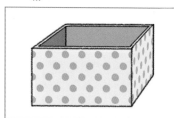

☐ **tree** 複 trees
木

ワードボックス
♪ a52

☐ cup(s) 　カップ 　　☐ notebook(s) 　ノート 　☐ doghouse(s) 　犬小屋 　☐ map(s) 　地図
☐ racket(s) 　ラケット 　☐ ball(s) 　ボール 　　☐ in front of ～ 　～の前に

発音コーチ

chair の air は、「エァ」と言います。はっきり「エ」と言ったあとに、舌を後ろに丸めるようにして軽く「ア」と言いましょう。

複…2つ以上のときの形

書いて練習のワーク

⭐ 読みながらなぞって、何回か書きましょう。

by

そばに

in

中に

on

上に

under

下に

near

近くに

table

テーブル

chair

いす

box

箱

tree

木

聞く

話す

読む

書く

 table は、食事や作業をするときなどに使うもので、ふつう引き出しがついていないものをさすよ。勉強するときや会社で使う引き出しのついている「つくえ」は desk〔デスク〕と言うよ。

Where is the station? ⑤

基本のワーク

♪ a53　教科書 88〜97ページ

勉強した日▶ 月 日

学習の目標・
どこにあるか英語でた
ずねたり答えたりでき
るようになりましょう。

🔊音声

1 場所のたずね方と答え方

✓言えたらチェック ☐☐☐

Where is your bag?
あなたのかばんはどこにありますか。

It's on the table.
それはテーブルの上にあります。

❀「〜はどこにありますか」は、**Where is 〜?** と言います。「〜」にものを表すことばを入れます。

❀答えるときは、「〜」を **it** にかえて、**It's〈場所〉.**（それは〜にあります）と言います。

❀〈場所〉は、**in、on、under、near** など、位置を表すことばを使って言います。

🔊 声に出して言ってみよう　☐に入ることばを入れかえて言いましょう。

たずね方 **Where is** your bag **?**
　　　　　　　　　　　　　・your book
　　　　　　　　　　　　　・my cap

答え方 **It's** on the table **.**
　　　　　　　　　　　　・in the box
　　　　　　　　　　　　・under the chair

➕ ちょこっとプラス

人や動物の場所のたずね方
例 Where is Ken?
　（ケンはどこにいますか）
　Where is your dog?
　（あなたのイヌはどこに
　いますか）

2 場所の言い方

✓言えたらチェック ☐☐☐

Our school is near the park.
わたしたちの学校は公園の近くにあります。

❀「〜は…にあります[います]」は、**〜 is〈場所〉.** と言います。

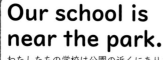 声に出して言ってみよう　☐に入ることばを入れかえて言いましょう。

Our school **is** near the park **.**
　・My house　　　　・in front of the station
　・Your racket　　　・by the table

📝表現べんり帳

持ち主の示し方
・my bag（わたしのかばん）
・your book（あなたの本）
・our room
　（わたしたちの部屋）
・Aya's cat（アヤのネコ）

ステップアップ　位置を表す on は、絵などが「かべにかかっている」というときにも使います。
例　The calendar [キャレンダァ] is <u>on</u> the wall [ウォール]．（カレンダーはかべにかかっています）

書いて練習のワーク

☆ 読みながらなぞって、もう1回書きましょう。

Where is your bag?

あなたのかばんはどこにありますか。

It's on the table.

それはテーブルの上にあります。

Where is my cap?

わたしのぼうしはどこにありますか。

It's under the chair.

それはいすの下にあります。

Our school is near the park.

わたしたちの学校は公園の近くにあります。

聞く
話す
読む
書く

 英語の
とびら

「東」は east [イースト]、「西」は west [ウエスト]、「南」は south [サウス]、「北」は north [ノース] と言うよ。
4つの方角は、日本語では「東西南北」だけれど、英語では north, south, east, (and) west の順で言うんだ。

聞いて練習のワーク

できた数

／8問中

音声

教科書　88 〜 97 ページ　　答え　10 ページ

1 音声を聞いて、絵の内容（ないよう）と合っていれば○、合っていなければ×を（　）に書きましょう。

♪ t21

(1)

（　　　　　）

(2)

（　　　　　）

(3)

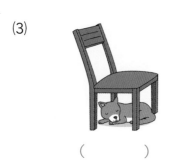

（　　　　　）

(4)

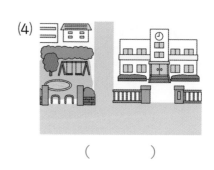

（　　　　　）

2 音声を聞いて、それぞれのものがある場所を線で結びましょう。

♪ t22

(1)

　　　　・　　　　・　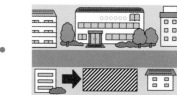

(2)

　　　　・　　　　・　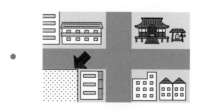

(3)

　　　　・　　　　・　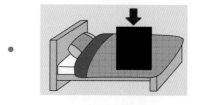

(4)

　　　　・　　　　・　

Where is the station? 2

得点

/50点

時間 20分

教科書 88 〜 97 ページ　答え 10 ページ

1 日本語の意味に合うように、（ ）の中から正しいほうを選んで、◯で囲みましょう。

1つ4点〔20点〕

(1) 箱　　　　　(bag / box)

(2) いす　　　　(chair / table)

(3) 木　　　　　(museum / tree)

(4) 下に　　　　(on / under)

(5) そばに　　　(in / by)

2 日本語の意味を表す英語の文になるように、◌◌◌から英語を選んで、＿＿に書きましょう。
文の最初にくることばは大文字で書きはじめましょう。

1つ6点〔30点〕

(1) その公園はどこにありますか。

＿＿＿＿＿＿　＿＿＿＿＿＿ the park?

(2) [(1)に答えて] それは図書館の近くにあります。

＿＿＿＿＿＿　＿＿＿＿＿＿ the library.

(3) わたしの家は病院の前にあります。

My house is ＿＿＿＿ front of the hospital.

| is | near | in | what | where | under | it's |

107

学習の目標・
スポーツやすることを表すことばを英語で言えるようになりましょう。

 音声

My Hero, My Dream Friend ①

基本のワーク

教科書 98 〜 107 ページ

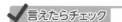

スポーツ②、動作④を表すことばを覚えよう！

★ リズムに合わせて、声に出して言いましょう。　✓ 言えたらチェック ☐☐☐　 ♪ a54

☐ **badminton**

バドミントン

☐ **rugby**

ラグビー

☐ **volleyball**

バレーボール

☐ **table tennis**

卓球（たっきゅう）

☐ **softball**

ソフトボール

☐ **swimming**

水泳、泳ぐこと

☐ **dancing**

ダンス、踊（おど）ること

☐ **cooking**

料理、料理をすること

☐ **singing**

歌うこと

 ワードボックス

♪ a55

☐ gymnastics　体操（たいそう）　　☐ play the violin　バイオリンをひく　　☐ speak English　英語を話す
☐ cook curry and rice　カレーライスをつくる　　☐ skateboarding　スケートボードをすること

 ことば解説（かいせつ）

cooking、singing などのように、動作を表すことば（cook、sing）に ing がつくと「〜すること」を表します。swim → swimming、dance → dancing のように、少し形が変わるものもあります。

書いて練習のワーク

☆ 読みながらなぞって、もう1～2回書きましょう。

badminton

バドミントン

rugby

ラグビー

volleyball

バレーボール

table tennis

卓球

softball

ソフトボール

swimming

水泳、泳ぐこと

dancing

ダンス、踊ること

cooking

料理、料理をすること

singing

歌うこと

  rugby は、イングランドのラグビーという町のラグビー校で始まったので、この名前がついたと言われているよ。
英語で「ラグビー選手」はふつう rugby player と言うよ。「ラガー（マン）」とは言わないから注意してね。

109

My Hero, My Dream Friend ②

基本のワーク

学習の目標・
人の特ちょうを表すことばを英語で言えるようになりましょう。

 🔊音声

教科書 98 〜 107 ページ

人の特ちょうを表すことばを覚えよう！

⭐ リズムに合わせて、声に出して言いましょう。　✅言えたらチェック □□□　♪ a56

☐ **brave**
ゆうかんな

☐ **cool**
かっこいい

☐ **cute**
かわいい

☐ **funny**
おかしい

☐ **great**
すばらしい、すごい

☐ **kind**
親切な

☐ **smart**
利口な

☐ **strong**
強い

 特ちょうを表すことばを覚えようね！

📦 ワードボックス　　　♪ a57

☐ hit home runs　ホームランを打つ　　☐ pitching　（ボールを）投げること、ピッチング
☐ dribbling　（ボールを）ドリブルすること　　☐ player(s)　選手　　☐ character(s)　登場人物

😀 発音コーチ

smart の ar は、口を大きく開いて「アー」と発音しながら、舌の先を口の天井のすれすれまで持ち上げます。

書いて練習のワーク

⭐ 読みながらなぞって、何回か書きましょう。

brave

ゆうかんな

cool

かっこいい

cute

かわいい

funny

おかしい

great

すばらしい、すごい

kind

親切な

smart

利口な

strong

強い

 聞く
話す
読む
書く

 cool は、「かっこいい」というよい意味のほかに、「（人に対して）冷たい、無関心な」とあまりよくない意味で使うこともあるよ。また、気候が「すずしい」という意味もあるんだ。

My Hero, My Dream Friend ③

基本のワーク

学習の目標
英語で人をしょうかい
できるようになりま
しょう。

♪ a58　教科書 98〜107 ページ

1 人をしょうかいするときの言い方①

✓ 言えたらチェック □□□

This is Oka Ken.
He is good at dancing.
こちらは岡（オカ）ケンさんです。彼（かれ）は踊（おど）ることが得意（とくい）です。

❋ 人をしょうかいするときは、**This is〈人の名前〉.**（こちらは〜です）と言います。

❋ その人が得意なことを言うときは、男性（だんせい）なら **He is good at 〜.**（彼は〜が得意です）、女性
なら **She is good at 〜.**（彼女（かのじょ）は〜が得意です）と言います。

🔊 声に出して言ってみよう　□□に入ることばを入れかえて言いましょう。

This is Oka Ken. He is good at dancing .

・volleyball　・swimming　・singing

💡 思い出そう

「〜することができます」
は、男性なら He can
〜.、女性なら She can
〜. と言います。
（70 ページ）

2 人をしょうかいするときの言い方②

✓ 言えたらチェック □□□

This is Eda Mika.
She is kind.
こちらは江田（エダ）ミカさんです。彼女は親切です。

❋ しょうかいした人の特ちょうを言うときは、**She is 〜.**（彼女は〜です）や **He is 〜.**（彼は〜
です）と言います。「〜」には、**kind**（親切な）、**cool**（かっこいい）などのことばを入れます。

🔊 声に出して言ってみよう　□□に入ることばを入れかえて言いましょう。

This is Eda Mika. She is kind .

・smart　・cool　・funny

➕ ちょこっとプラス

She is は She's［シーズ］、
He is は He's［ヒーズ］、
と短くして言うこともで
きます。

ステップ
アップ

「彼は［彼女は］わたしの大好きな〜です」は He［She］is my favorite［フェイヴァリト］〜. と言います。
例　He is my favorite tennis player.（彼はわたしの大好きなテニス選手です）

書いて練習のワーク

☆ 読みながらなぞって、もう1回書きましょう。

This is Oka Ken.

こちらは岡ケンさんです。

He is good at dancing.

彼は踊ることが得意です。

He is good at volleyball.

彼はバレーボールが得意です。

This is Eda Mika.

こちらは江田ミカさんです。

She is kind.

彼女は親切です。

聞く
話す
読む
書く

She is smart.

彼女は利口です。

日本語で「スマート」と言うと、「(体が)すらりとしている」を意味することが多いけれど、英語の smart にこの意味はないよ。英語では、slim [スリム] や slender [スレンダァ] と言うよ。

聞いて練習のワーク

教科書 98～107 ページ　　答え 11 ページ

1 音声を聞いて、読まれた内容に合う絵を下から選んで、記号を（　）に書きましょう。

♪t23

(1)（　　　）　(2)（　　　）　(3)（　　　）　(4)（　　　）

ア

イ

ウ

エ

2 音声を聞いて、それぞれの人の特ちょうに合う絵を線で結びましょう。

♪t24

(1)
Satoru

(2)
Emi

(3)
Ken

(4)
Yuki

　ゆうかんな

　親切な

　利口な

　強い

まとめのテスト

My Hero, My Dream Friend 1

1 英語の意味を表す日本語を線で結びましょう。 1つ6点〔30点〕

(1) great ・　　　　　・ おかしい

(2) strong ・　　　　　・ 体操(たいそう)

(3) funny ・　　　　　・ 強い

(4) gymnastics ・　　　　　・ 選手

(5) player ・　　　　　・ すばらしい、すごい

2 日本語の意味を表す英語の文になるように、[___]から英語を選んで、___に書きましょう。文の最初にくることばは大文字で書きはじめましょう。 1つ5点〔20点〕

(1) こちらはアユミです。彼女(かのじょ)はとても親切です。

This is Ayumi.

_____ is very _____ .

(2) こちらはマサトです。彼(かれ)は歌うことが得意(とくい)です。

This is Masato.

_____ is good at

_____ .

```
it    he    she    cool    kind
cooking    dancing    singing
```

115

My Hero, My Dream Friend ④

基本のワーク

学習の目標・
得意なことを英語で言ったりたずねたりできるようになりましょう。

🔊音声

♪ a59　教科書 98〜107 ページ

---

① 自分の得意なことの言い方

✔言えたらチェック ☐☐☐

> **I'm good at singing.**
> わたしは歌うことが得意です。

❊ 自分の得意なことを言うときは、I'm good at 〜. を使います。

❊「〜」には、singing（歌うこと）や dancing（踊ること）など、「すること」を表すことばを入れます。また、教科やスポーツなどを入れることもできます。

🔊 **声に出して言ってみよう**　☐に入ることばを入れかえて言いましょう。

I'm good at [singing].

・cooking　・English
・badminton

💡**思い出そう**
I can 〜. で自分のできることを表します（68ページ）。
例 I can dance well.（わたしは上手に踊ることができます）

---

② 得意なことのたずね方と答え方

✔言えたらチェック ☐☐☐

> **What are you good at?**
> あなたは何が得意ですか。

> **I'm good at swimming.**
> わたしは水泳が得意です。

❊ 相手の得意なことをたずねるときは、What are you good at? と言います。

❊ 答えるときは、①で習ったように、I'm good at 〜. と言います。

🔊 **声に出して言ってみよう**　☐に入ることばを入れかえて言いましょう。

たずね方 What are you good at?

答え方 I'm good at [swimming].

・dancing　・playing the violin

📔**表現べんり帳**
「〜すること」
・drawing［ドゥローイング］
（絵を）かくこと
・writing［ライティング］
（文章を）書くこと
・running［ラニング］
ランニング、走ること

116

ステップアップ

「わたしは〜が得意ではありません」は、I'm not good at 〜. と言います。
例 I'm not good at sports.（わたしはスポーツが得意ではありません）

書いて練習のワーク

☆ 読みながらなぞって、もう1回書きましょう。

What are you good at?

あなたは何が得意ですか。

I'm good at singing.

わたしは歌うことが得意です。

I'm good at swimming.

わたしは水泳が得意です。

I'm good at English.

わたしは英語が得意です。

I'm good at playing the violin.

聞く
話す
読む
書く

わたしはバイオリンをひくことが得意です。

日本のアニメやマンガは、アメリカでも人気だよ。特にアニメは、1960年代からアメリカでもテレビ放送が始まり、今では anime として定着しているよ。

聞いて練習のワーク

教科書 98 ～ 107 ページ　　答え 12 ページ

1 音声を聞いて、絵の内容と合っていれば○、合っていなければ×を（　）に書きましょう。

♪t25

(1)

（　　　）

(2)

（　　　）

(3)

（　　　）

(4)

（　　　）

2 音声を聞いて、それぞれの人が得意なことを線で結びましょう。

♪t26

(1)
Taku

(2)
Yuki

(3)
Satoru

(4)
Saori

My Hero, My Dream Friend 2

勉強した日▶ 　月　　日

得点

/50点

時間 **20** 分

教科書 98～107 ページ　答え 12 ページ

1 英語の意味を表す日本語を □ から選んで、（ ）に書きましょう。　　　1つ6点〔30点〕

(1) cooking 　　　　　　（　　　　　　　　　）

(2) rugby 　　　　　　　（　　　　　　　　　）

(3) singing 　　　　　　（　　　　　　　　　）

(4) dancing 　　　　　　（　　　　　　　　　）

(5) badminton 　　　　 （　　　　　　　　　）

ラグビー　　卓球^{たっきゅう}　　　バドミントン

歌うこと　　踊^{おど}ること　　料理をすること

---

2 下のメモを見て、ユミとシュンになったつもりで質問^{しつもん}に合う答えの英文を □ から選んで、□ に書きましょう。　　　1つ10点〔20点〕

(1) Yumi, what are you good at?

_____
_____
_____

(2) Shun, what are you good at?

_____
_____
_____

ユミ　　　　【得意な教科】　　　　理科
シュン　　　【得意なスポーツ】　サッカー

I can play tennis. / I'm good at soccer.
I'm good at science. / I'm good at P.E.

聞く
話す
読む
書く

ローマ字表

〔ヘボン式〕 ※〔 〕は訓令式です。

	A	I	U	E	O			
A	a ア	i イ	u ウ	e エ	o オ			
K	ka カ	ki キ	ku ク	ke ケ	ko コ	kya キャ	kyu キュ	kyo キョ
S	sa サ	shi [si] シ	su ス	se セ	so ソ	sha [sya] シャ	shu [syu] シュ	sho [syo] ショ
T	ta タ	chi [ti] チ	tsu [tu] ツ	te テ	to ト	cha [tya] チャ	chu [tyu] チュ	cho [tyo] チョ
N	na ナ	ni ニ	nu ヌ	ne ネ	no ノ	nya ニャ	nyu ニュ	nyo ニョ
H	ha ハ	hi ヒ	fu [hu] フ	he ヘ	ho ホ	hya ヒャ	hyu ヒュ	hyo ヒョ
M	ma マ	mi ミ	mu ム	me メ	mo モ	mya ミャ	myu ミュ	myo ミョ
Y	ya ヤ	—	yu ユ	—	yo ヨ			
R	ra ラ	ri リ	ru ル	re レ	ro ロ	rya リャ	ryu リュ	ryo リョ
W	wa ワ	—	—	—	wa (ヲ)			
N	n ン							
G	ga ガ	gi ギ	gu グ	ge ゲ	go ゴ	gya ギャ	gyu ギュ	gyo ギョ
Z	za ザ	ji [zi] ジ	zu ズ	ze ゼ	zo ゾ	ja [zya] ジャ	ju [zyu] ジュ	jo [zyo] ジョ
D	da ダ	ji [zi] ヂ	zu ヅ	de デ	do ド	ja [zya] ヂャ	ju [zyu] ヂュ	jo [zyo] ヂョ
B	ba バ	bi ビ	bu ブ	be ベ	bo ボ	bya ビャ	byu ビュ	byo ビョ
P	pa パ	pi ピ	pu プ	pe ペ	po ポ	pya ピャ	pyu ピュ	pyo ピョ

▶動画で復習 & 📱アプリで練習！

重要表現まるっと整理

5年生の重要表現を復習するよ！動画でリズムに合わせて楽しく復習したい人は **1** を、はつおん練習にチャレンジしたい人は **2** を読んでね。**1** → **2** の順で使うとより効果的だよ！

アレック先生
Alec先生

1 「わくわく動画」の使い方

各ページの冒頭についているQRコードを読み取ると、動画の再生ページにつながります。

Alec先生に続けて子どもたちが１人ずつはつおんします。Alec先生が「You!」と呼びかけたらあなたの番です。

📢 It's your turn!（あなたの番です）が出たら、画面に出ている英文をリズムに合わせてはつおんしましょう。

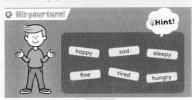

最後に自己表現の練習をします。
📢 It's your turn! が出たら、画面上の英文をはつおんしましょう。▭ の中に入れる単語は Hint! も参考にしましょう。

2 「文理のはつおん上達アプリ おん達」の使い方

ホーム画面下の「かいわ」を選んで、学習したいタイトルをおします。

トレーニング
1 🔊 をおしてお手本の音声を聞きます。
2 🎤 をおして英語をふきこみます。
3 点数を確認し、⏱ をおして自分の音声を聞きましょう。

ダウンロード

アクセスコード
EMKHUF8a

チャレンジ
1 カウントダウンのあと会話が始まります。
2 🎤 が光ったら英語をふきこみ、最後にもう一度 🎤 をおします。
3 "Role Change!"と出たら役をかわります。

※アクセスコード入力時から15か月間ご利用になれます。
※本サービスは無料ですが、別途各通信会社の通信料がかかります。　※お客様のネット環境および端末によりご利用いただけない場合がございます。
ご理解、ご了承いただきますよう、お願いいたします。　※【推奨環境】スマートフォン、タブレット等（iOS11以上、Android8.0以上）

第1回

はじめましてのあいさつ
重要表現まるっと整理

⭐ アプリを使って会話の練習をしましょう。80点以上になるように何度も練習しましょう。

トレーニング はじめましてのあいさつの表現を練習しましょう。＿＿の部分をかえて練習しましょう。

♪ s01

□① Hello. My name is Yuki.　　　　　こんにちは、わたしの名前はユキです。

　　　・Keita ・Mary ・John

□② How do you spell your name?　　あなたの名前はどのようにつづりますか。

□③ Y-U-K-I. Yuki.　　　　　　　　　Y、U、K、I。ユキです。

　　　・K-E-I-T-A. Keita. ・M-A-R-Y. Mary. ・J-O-H-N. John.

　　　　　　　　　　　　　　　　　　　　　　　　　　　　何度も練習してね！

□④ Nice to meet you.　　　　　　　　はじめまして。

□⑤ Nice to meet you, too.　　　　　　こちらこそ、はじめまして。

チャレンジ はじめましてのあいさつの会話を練習しましょう。

♪ s02

Hello. My name is Yuki.

How do you spell your name?

Y-U-K-I. Yuki.

Nice to meet you, too.

Nice to meet you.

第 **2** 回 誕生日について

たんじょうび

重要表現 まるっと 整理

5-02
▶動画

⭐ アプリを使って会話の練習をしましょう。80点以上になるように何度も練習しましょう。

トレーニング 誕生日についての表現を練習しましょう。＿＿の部分をかえて練習しましょう。

♪ s03

☐① When is your birthday?　　　あなたの誕生日はいつですか。

☐② My birthday is April 2nd.　　わたしの誕生日は4月2日です。

　　　・July 5th　・October 23rd　・January 31st

☐③ What do you want for your birthday?　あなたは誕生日に何がほしいですか。

☐④ I want a bike.　　　わたしは自転車がほしいです。

　　　・a bag　・a watch　・a cake

チャレンジ 誕生日についての会話を練習しましょう。

♪ s04

When is your birthday?

My birthday is April 2nd.

What do you want for your birthday?

I want a bike.

聞く 話す 読む

書く

第3回 できることについて 重要表現 まるっと 整理

5-03

▶動画

⭐ アプリを使って会話の練習をしましょう。80点以上になるように何度も練習しましょう。

トレーニング できることについての表現を練習しましょう。＿＿の部分をかえて練習しましょう。

♪ s05

☐① Can you swim fast?　　　　　あなたは速く泳ぐことができますか。
　　　・bake bread well　・sing well　・jump high

☐② Yes, I can.　　　　　　　　　はい、できます。
　　　・No, I can't.

がんばって！

☐③ This is Ken.　　　　　　　　こちらはケンです。
　　　・Emi　・Yuta　・Satomi

☐④ He can swim fast.　　　　　彼は速く泳ぐことができます。
　　　・She　　　・bake bread well　・sing well　・jump high

☐⑤ Cool!　　　　　　　　　　　かっこいい！
　　　・Great!　・Nice!　・Wonderful!

チャレンジ できることについての会話を練習しましょう。

♪ s06

Can you swim fast?

Yes, I can.

This is Ken.
He can swim fast.

Cool!

第4回 時間割や好きな教科について
重要表現まるっと整理

⭐ アプリを使って会話の練習をしましょう。80点以上になるように何度も練習しましょう。

トレーニング 時間割や好きな教科についての表現を練習しましょう。＿＿の部分をかえて練習しましょう。

♪ s07

□① What do you have on Monday?　あなたは月曜日に何がありますか。
（・Tuesday ・Thursday ・Friday）

□② I have English on Monday.　わたしは月曜日に英語があります。
（・Japanese ・science ・music）（・Tuesday ・Thursday ・Friday）

□③ What subject do you like?　あなたは何の教科が好きですか。

□④ I like math.　わたしは算数が好きです。
（・social studies ・P.E. ・arts and crafts）

チャレンジ 時間割や好きな教科について会話を練習しましょう。

♪ s08

What do you have on Monday?

I have English on Monday.

What subject do you like?

I like math.

125

第 **5** 回

もののある場所について
重要表現 まるっと 整理

5-05

動画

アプリを使って会話の練習をしましょう。80点以上になるように何度も練習しましょう。

トレーニング もののある場所についての表現を練習しましょう。＿＿の部分をかえて練習しましょう。

🎵 s09

☐① Where is the <u>pencil</u>?　　　　　えんぴつはどこにありますか。
　　　　・notebook ・ball ・towel

☐② It's in the <u>pencil case</u>.　　　　それは筆箱の中です。
　　　　・bag ・box ・basket

大きな声で
言ってみよう！

☐③ Where is the pencil case?　　　筆箱はどこにありますか。
　　　　・bag ・box ・basket

☐④ It's on the desk.　　　　　　　それはつくえの上にあります。
　　・under the chair ・by the door ・under the table

チャレンジ もののある場所についての会話を練習しましょう。

🎵 s10

第6回 道案内

重要表現まるっと整理

5-06
動画

⭐ アプリを使って会話の練習をしましょう。80点以上になるように何度も練習しましょう。

トレーニング 道案内の表現を練習しましょう。___の部分をかえて練習しましょう。

♪ s11

☐① Where is the station?
　　　　　　　　　・park ・museum ・school

駅はどこにありますか。

☐② Go straight for one block.
　　　　　　　　　・two blocks ・three blocks

1区画まっすぐに行ってください。

☐③ Turn right at the corner.
　　　　　・left　　　・second corner ・third corner

その角を右に曲がってください。

☐④ You can see it on your left.
　　　　　　　　　　　　　　・right

それはあなたの左手に見えます。

チャレンジ 道案内の会話を練習しましょう。

♪ s12

第7回 レストランでの注文
重要表現まるっと整理

5-07

🎬動画

💠 アプリを使って会話の練習をしましょう。80点以上になるように何度も練習しましょう。

トレーニング レストランでの注文の表現を練習しましょう。＿＿の部分をかえて練習しましょう。

♪ s13

☐① **What would you like?** 　　　　何をめしあがりますか。

☐② **I'd like fried chicken.** 　　　　フライドチキンをください。
> ・curry and rice ・ice cream ・grilled fish

☐③ **How much is it?** 　　　　いくらですか。

☐④ **It's 400 yen.** 　　　　400円です。
> ・600 ・200 ・550

> よく聞いてね！

チャレンジ レストランでの注文の会話を練習しましょう。

♪ s14

実力判定テスト

夏休みのテスト

時間 20分

名前

得点

/100点

音声

教科書　12〜41ページ　　答え　13ページ　　聞く

1 音声を聞いて、絵の内容と合っていれば〇、合っていなければ×を（ ）に書きましょう。

1つ5点〔20点〕

♪ t27

(1)

（　　　　）

(2)

（　　　　）

(3)

（　　　　）

(4)

（　　　　）

2 音声を聞いて、それぞれの人のたんじょう日とほしいものを線で結びましょう。

1つ5点〔30点〕

♪ t28

(1)

Aya

・

・ 4月3日 ・

・

(2)
Kenta

・

・ 7月12日 ・

・

(3)

Saki

・

・ 11月21日 ・

・

6 リョウが質問に答えています。メモの内容に合うように、□から英語を選んで、□に書きましょう。

1つ5点〔20点〕

【メモ】　名前：リョウ
好きなもの：ネコ、野球
たんじょう日：12月30日
ほしいもの：かばん

(1) What animal do you like?

I like _____ .

(2) What sport do you like?

I like _____ .

(3) When is your birthday?

My birthday is _____ 30th.

(4) What do you want for your birthday?

I want a _____ .

bag / December / cap / cats / baseball / August

 夏休みの テスト

 時間 10分

●勉強した日　　月　　日

名前　　　　　　　得点

／50点

 書く 読む

教科書　12～41ページ　　答え　13ページ

5 日本語の意味に合うように、（　）の中から正しいほうを選んで、◯で囲みましょう。

1つ5点〔30点〕

(1) はじめまして。

(Nine / Nice) to meet you.

(2) あなたはカエルが好きですか。

(Do / Is) you like frogs?

(3) [(2)に答えて] いいえ、好きではありません。

No, I (isn't / don't).

(4) あなたは金曜日に何（の授業）がありますか。

(What / When) do you have on

(Monday / Friday)?

(5) わたしはトムといっしょに英語を勉強します。

I (have / study) English with Tom.

3 音声を聞いて、それぞれの人が水曜日にある教科を選んで、記号を（　）に書きましょう。

1つ5点〔20点〕

(1) **Naoto**　　　　　　　　　　(2) **Kana**

（　　　　）（　　　　）　　　　　（　　　　）（　　　　）

ア

イ

ウ

エ

4 ある人物が英語で自己しょうかいをします。その内容に合うように、表の（　）に日本語で書きましょう。(1)の名前はカタカナで書きましょう。

1つ6点〔30点〕

(1)	名前	（　　　　　　　　　　　　　　）
(2)	好きな色	（　　　　　　　　　　　　　　）
(3)	好きな動物	（　　　　　　　　　　　　　　）
(4)	好きな食べ物	（　　　　　　　　　　　　　　）
(5)	好きではない食べ物	（　　　　　　　　　　　　　　）

うら面の問題も解きましょう。

●勉強した日　　　月　　　日

実力判定テスト

冬休みの
テスト

時間
10分

名前

得点

／50点

書く

読む

教科書　42〜87 ページ　　答え　14 ページ

5 日本語の意味を表す英語の文になるように、〔　〕から英語を選んで、＿＿に書きましょう。
文の最初にくることばは大文字で書きはじめましょう。

1つ5点〔25点〕

(1) 午前8時です。

It's 8 in the ＿＿＿＿＿＿＿.

(2) （レストランで）何になさいますか。

What ＿＿＿＿＿＿＿ you like?

(3) ［(2)に答えて］　アイスクリームをお願いします。

I'd ＿＿＿＿＿＿＿ ice cream.

(4) 彼女はスキーをすることができます。

＿＿＿＿＿＿＿ ＿＿＿＿＿＿＿ ski.

would / can / he / she / like / morning / afternoon

3 音声を聞いて、それぞれの人ができることを選んで、記号を（　）に書きましょう。

1つ5点〔20点〕

(1) **Mao**　　　　　(2) **Tomoki**

（　　　　）（　　　　）　　　　（　　　　）（　　　　）

ア　　　　　　　　　　　　　　イ

ウ　　　　　　　　　　　　　　エ

4 ユリが英語でスピーチをします。その内容に合うように、表の（　）に日本語で書きましょう。

1つ6点〔30点〕

♪ t34

(1)	行きたい場所	（　　　　　　　　　　　　　）
(2)	行きたい季節	（　　　　　　　　　　　　　）
(3)	いっしょに行きたい人	（　　　　　　　　　　　　　）
(4)	行きたい理由①	（　　　　　　　　　　　　　） を食べることができるから
(5)	行きたい理由②	（　　　　　　　　　　　　　） を見ることができるから

うら面の問題も解きましょう。

実力判定テスト

冬休みのテスト

時間 **20**分

名前

得点

/100点

●音声

聞く

| 教科書 | 42〜87 ページ | 答え | 14 ページ |

1 音声を聞いて、絵の内容と合っていれば○、合っていなければ×を（　）に書きましょう。

1つ5点〔20点〕

♪ t31

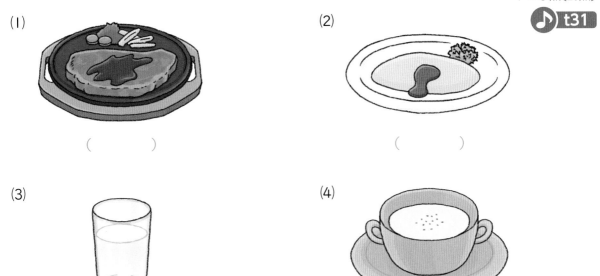

(1) （　　　　）

(2) （　　　　）

(3) （　　　　）

(4) （　　　　）

2 音声を聞いて、それぞれの人が何時に何をするか線で結びましょう。

1つ5点〔30点〕

♪ t32

(1) Satoru ・　　　・　　　　・ 9：00

(2) Emi ・　　　・　　　　・ 8：00

(3) Ken ・　　　・　　　　・ 6：00

6 タクが日課について英語で文を書きました。表の内容に合うように、┊┄┄┊から英語を選んで、▭▭に書きましょう。

1つ5点〔25点〕

Taku

起きる時刻	7時
ねる時刻	10時
いつもすること	イヌの散歩をする
決してしないこと	皿をあらう
自由な時間にすること	本を読む

(1) I _____ at 7.

(2) I _____ at 10.

(3) I always _____ .

(4) I never _____ .

(5) I _____ in my free time.

┌─────────────────────────────┐
  walk my dog / go to bed / read books
  wash the dishes / get up
└─────────────────────────────┘

実力判定テスト　学年末のテスト

時間 20分

名前

得点

/100点

教科書 12～107 ページ　答え 15 ページ

1　音声を聞いて、絵の内容と合っていれば○、合っていなければ×を（　）に書きましょう。

1つ5点〔20点〕

♪ t35

(1)
（　　　　）

(2)
（　　　　）

(3)
（　　　　）

(4)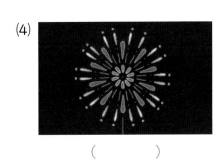
（　　　　）

2　それぞれの人にあるものの場所をたずねます。それぞれの人がたずねられたもの、それがある場所を線で結びましょう。

1つ5点〔30点〕

♪ t36

(1) 　Satoru
・　　　　　・ 　　　　　・　　　　　・

(2) 　Saori
・　　　　　・ 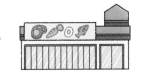　　　　　・　　　　　・

(3) 　Kenta
・　　　　　・ 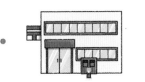　　　　　・　　　　　・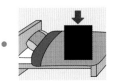

6 ケイコが質問に答えています。自分についてのメモの内容に合うように、〔＿〕から英語を選んで、＿＿に書きましょう。

1つ5点〔20点〕

【メモ】　家：家は病院の近くにある
　　　　　好きな教科：理科
　　　　　行きたい場所：美術館
　　　　　得意なこと：踊ること

(1) Where is your house?

It's near the ＿＿＿＿＿.

(2) What subject do you like?

I like ＿＿＿＿＿.

(3) Where do you want to go?

I want to go to the

＿＿＿＿＿.

(4) What are you good at?

I'm good at ＿＿＿＿＿.

museum / dancing / sing / science / lake / hospital

実力判定テスト **学年末のテスト** 🌸

時間 **10**分

名前

得点

/50点

✏書く

📖読む

教科書 12〜107 ページ　　答え 15 ページ

5 日本語の意味に合うように、( ) の中から正しいほうを選んで、□で囲みましょう。

1つ5点〔30点〕

(1) わたしは体育が好きではありません。

I (not / don't) like P.E.

(2) あなたはスケートをすることができますか。

(Do / Can) you skate?

(3) わたしのたんじょう日は9月5日です。

My birthday is (September / November) 5th.

(4) わたしたちは夏にその祭りを楽しむことができます。

We can (eat / enjoy) the festival in summer.

(5) (理科室を案内して) ここを右に曲がってください。3つめの部屋です。

Turn (right / left) here.

It's the (second / third) room.

3 音声を聞いて、それぞれの人が得意なことを選び、記号を（　）に書きましょう。

1つ5点〔20点〕

♪ t37

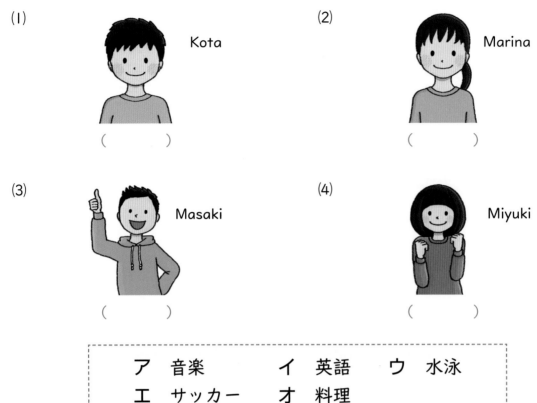

(1)　Kota　（　　　　）

(2)　Marina　（　　　　）

(3)　Masaki　（　　　　）

(4)　Miyuki　（　　　　）

ア　音楽	イ　英語	ウ　水泳
エ　サッカー	オ　料理	

4 マキがある人物をしょうかいします。その内容に合うように、表の（　）に日本語で書きましょう。

1つ6点〔30点〕

♪ t38

(1)	しょうかいしている人	マキの（　　　　　　　　　　　　）
(2)	その人の特ちょう	（　　　　　　　　　　　　）
(3)	その人の得意なこと	（　　　　　　　　　　）こと
(4)	その人のできること	（　　　　　　　　　　）こと
(5)	その人のできないこと	（　　　　　　　　　　）こと

うら面の問題も解きましょう。

⑲ 日曜日

⑳ 水曜日

㉑ 金曜日

㉒ 春

㉓ 夏

㉔ 秋

㉕ 冬

㉖ 1月

㉗ 7月

㉘ 12月

Wednesday

January

summer

Friday

spring

Sunday

winter

December

fall

July

⑨ 太鼓
たいこ

⑩ ドッジボール

⑪ バドミントン

⑫ バレーボール

⑬ いす

⑭ グローブ

⑮ カレンダー

⑯ 英語

⑰ 国語

⑱ 算数

drum

English

volleyball

math

badminton

glove

Japanese

chair

calendar

dodgeball

折り返し地点！
うら面もあるよ！

実力判定テスト

5年生の単語 **38** 語を書こう！

単語リレー

時間 **30**分

名前

単語カード **1** 〜 **156**　答え 16 ページ

5年生のわくわく英語カードで覚えた単語のおさらいです。絵に合う単語を から選び、 に書きましょう。

❶
家族

❷
お父さん

❸
お姉さん、妹

steak

father

sister

guitar

family

fried chicken

spaghetti

recorder

❹
ステーキ

❺
スパゲッティ

❻
フライドチキン

❼
リコーダー

❽
ギター

㉙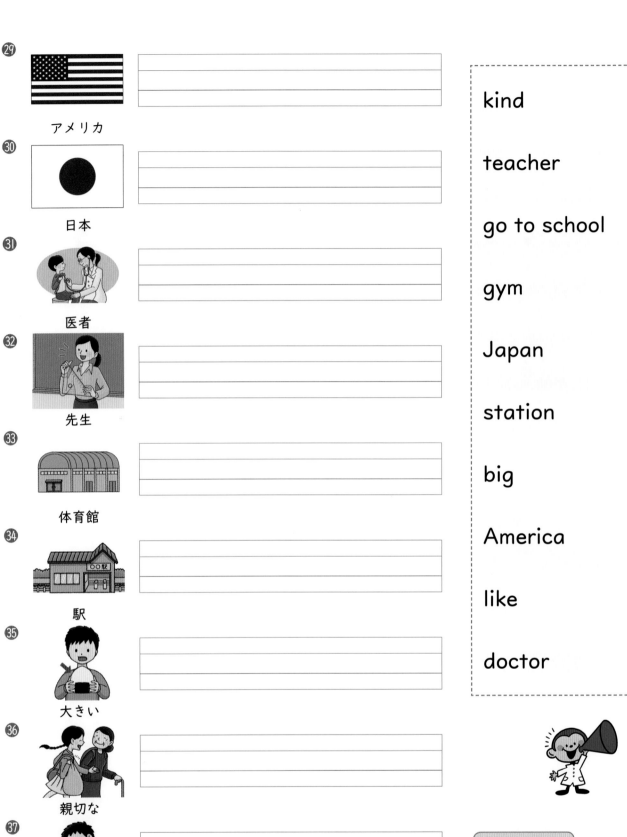
アメリカ

㉚
日本

㉛
医者

㉜
先生

㉝
体育館

㉞
駅

㉟
大きい

㊱
親切な

㊲
好きである

㊳
学校へ行く

kind

teacher

go to school

gym

Japan

station

big

America

like

doctor

採点をして正しく書けた語数を入れよう！

語/38語
クリア！

教科書ワーク

答えとてびき

「答えとてびき」は、とりはずすことができます。

教育出版版

英語 **5**年

使い方

まちがえた問題は、もう一度よく読んで、なぜまちがえたのかを考えましょう。音声を聞きなおして、あとに続いて言ってみましょう。

Lesson 1　Nice to meet you.

22ページ　聞いて練習のワーク

❶ (1)○　(2)×　(3)○　(4)○

❷ (1)イ　(2)ア　(3)ア　(4)イ

てびき　❶ (1) green（緑）、(2) baseball（野球）、(3) banana（バナナ）、(4) bird（鳥）。色やスポーツ、食べ物、動物を表すことばをしっかり覚えましょう。

❷ (1)(3) Do you like ～? は「あなたは～が好きですか」という意味です。「はい、好きです」は Yes, I do.、「いいえ、好きではありません」は No, I don't. と言います。

(2)(4) What ～ do you like? は「あなたは何の[どんな]～が好きですか」という意味です。答えるときは、I like ～.（わたしは～が好きです）と言います。(2)の color は「色」、(4)の sport は「スポーツ」という意味です。

📢 読まれた英語

❶ (1) green　　　(2) baseball
　 (3) banana　　 (4) bird

❷ (1) Do you like tomatoes?
　 (2) What color do you like?
　 (3) Do you like animals?
　 (4) What sport do you like?

23ページ　まとめのテスト

1 (1) サッカー ——— soccer
　 (2) 青 ——— blue
　 (3) ドーナツ ——— donut
　 (4) ウサギ ——— rabbit
　 (5) スポーツ ——— sport

（線は交差してつながれている：blue, sport, rabbit, soccer, donut）

2 (1) My name is Ito Ken.

　 (2) Do you like red?

　 (3) What animal do you like?

てびき　**1** (1)～(5)以外にも tennis（テニス）、pink（ピンク）、orange（オレンジ、だいだい）、cat（ネコ）などの、スポーツや色、食べ物、動物を表すことばをしっかり覚えましょう。

2 (1)「わたしの名前は～です」は My name is ～. と言います。

(2)「あなたは～が好きですか」は Do you like ～?、(3)「あなたは何の[どんな]～が好きですか」は What ～ do you like? と言います。

1

Lesson 2　When is your birthday?

❶ (1) ウ　(2) イ　(3) ア　(4) エ

❷ (1) 8 (月) 1 (日)　(2) 6 (月) 15 (日)
　(3) 3 (月) 22 (日)　(4) 11 (月) 28 (日)

てびき
❶ (1) January (1月)、(2) July (7月)、
(3) May (5月)、(4) December (12月)。1月から
12月の月の名前をしっかり覚えましょう。
❷ When is your birthday? は「あなたのたん
じょう日はいつですか」という意味です。My
birthday is〈月〉〈日〉. で答えます。

📢 読まれた英語

❶ (1) January　(2) July
　(3) May　　　(4) December
❷ (1) Ken, when is your birthday?
　　— My birthday is August 1st.
　(2) Emi, when is your birthday?
　　— My birthday is June 15th.
　(3) Taku, when is your birthday?
　　— My birthday is March 22nd.
　(4) Yuki, when is your birthday?
　　— My birthday is November 28th.

❶ (1) 4月　(2) 6月　(3) 9月
　(4) 10月　(5) 2月

❷ (1) When

　(2) May

てびき
❶ 9月から12月の月の名前は、最後
がすべて -ber で終わります。まちがえないよ
うに正しく覚えましょう。
❷ (1)「あなたのたんじょう日はいつですか」は
When is your birthday? と言います。
(2)「わたしのたんじょう日は～月…日です」は
My birthday is〈月〉〈日〉. と言います。「5月」
は May。March は「3月」、July は「7月」。

❶ (1) ○　(2) ×　(3) ○　(4) ○

❷ (1)
Satoru
(2)
Emi
(3)
Taku
(4)
Yuki

てびき
❶ (1) T-shirt は「Tシャツ」。
(2) cap は「(ふちのない) ぼうし」。絵の「(ふち
のある) ぼうし」は hat。
(3) bicycle は「自転車」。
(4) shoes は「くつ」。左右2つで使うのでs が
つきます。
❷ What do you want for your birthday? は
「あなたはたんじょう日に何がほしいですか」
という意味です。I want ～. で答えます。

📢 読まれた英語

❶ (1) T-shirt　　(2) cap
　(3) bicycle　　(4) shoes
❷ (1) Satoru, what do you want for your
　　birthday?
　　— I want a sweater.
　(2) Emi, what do you want for your
　　birthday?
　　— I want a bag.
　(3) Taku, what do you want for your
　　birthday?
　　— I want a book.
　(4) Yuki, what do you want for your
　　birthday?
　　— I want an umbrella.

35 ページ　まとめのテスト

1 (1) 本　　　　(2) えんぴつ　(3) 消しゴム
　　(4) うで時計　(5) 手ぶくろ

2 (1) | Yes. I like August. |

　　(2) | I want a shirt. |

てびき
1 「くつ下」は socks です。
2 (1)「あなたは8月が好きですか」という質問
です。メモから、ユミは8月が好きだとわかる
ので「はい。わたしは8月が好きです」と答え
ます。October は「10月」です。
(2)「あなたはたんじょう日に何がほしいですか」
という質問です。メモから、ユミはシャツがほ
しいとわかるので「わたしはシャツがほしいで
す」と答えます。hat は「（ふちのある）ぼうし」
です。

Lesson 3　I have P.E. on Monday.

42 ページ　聞いて練習のワーク

1 (1) ○　(2) ○　(3) ×　(4) ○

2

月曜日	火曜日	水曜日	木曜日	金曜日
(1)	(2)	(3)	(4)	(5)
（ ア ）	（ ウ ）	（ イ ）	（ オ ）	（ エ ）

てびき
1 (1) week（週）、(2) day（日、1日）、
(3) Thursday（木曜日）、(4) Monday（月曜日）を
聞き取りましょう。
2 What do you have on〈曜日〉? で「あなたは
〜曜日に何（の授業）がありますか」という意
味です。I have〈教科〉. で答えます。

読まれた英語

1 (1) week　　　(2) day
　　(3) Thursday　(4) Monday

2 (1) What do you have on Monday?
　　　— I have Japanese.
　　(2) What do you have on Tuesday?
　　　— I have P.E.
　　(3) What do you have on Wednesday?
　　　— I have music.
　　(4) What do you have on Thursday?
　　　— I have English.
　　(5) What do you have on Friday?
　　　— I have arts and crafts.

43 ページ　まとめのテスト

1 (1) 日　　　　(2) 算数　　　　(3) 週
　　(4) 火曜日　(5) 社会科

2 (1) | do |　| on |

　　(2) | have |　| and |

てびき
1 「家庭科」は home economics です。
2 (1)「あなたは〜曜日に何（の授業）がありますか」は What do you have on〈曜日〉?。
(2)「わたしは〜（の授業）があります」は I have〜. です。「理科と国語」のように教科を2つ言うときは and を使ってつなげます。

❶ (1) ×　(2) ○　(3) ○　(4) ×

❷ (1) 　(2) 　(3) 　(4)

Taku　　Emi　　Satoru　　Yuki

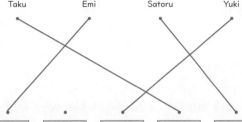

月	火	水	木	金
理科	算数	国語	算数	国語
算数	道徳	英語	国語	算数
体育	理科	図画工作	家庭科	体育
社会科	音楽	図画工作	家庭科	音楽
書写	英語	国語	理科	総合
国語	クラブ	算数	社会科	総合

てびき

❶ (1) social studies は「社会科」。絵の「家庭科」は home economics。

(2) math は「算数」。

(3) arts and crafts は「図画工作」。

(4) science は「理科」。絵の「体育」は P.E.。

❷ I have ～. で「わたしは ～ (の授業) があります」という意味です。教科の名前を正しく聞き取り、読まれた 3 つの教科が全て入った曜日の時間割を選びましょう。What day is it? は「何曜日ですか」という意味です。

(1) math「算数」、Japanese「国語」、home economics「家庭科」は木曜日の時間割。

(2) science「理科」、P.E.「体育」、social studies「社会科」は月曜日の時間割。

(3) math「算数」、P.E.「体育」、music「音楽」は金曜日の時間割。

(4) Japanese「国語」、English「英語」、arts and crafts「図画工作」は水曜日の時間割。

📢 **読まれた英語**

❶ (1) social studies　(2) math

(3) arts and crafts　(4) science

❷ (1) I'm Taku. I have math, Japanese, and home economics. What day is it?

(2) I'm Emi. I have science, P.E., and social studies. What day is it?

(3) I'm Satoru. I have math, P.E., and music. What day is it?

(4) I'm Yuki. I have Japanese, English, and arts and crafts. What day is it?

❶ (1) 国語　(2) 水曜日　(3) 書写

(4) 道徳　(5) 月曜日

❷ (1) study / with　(2) have / What

(3) Thursday

てびき

❶ 「土曜日」は Saturday です。

❷ (1) 「わたしは ～ を勉強します」は I study ～. と言います。〈with ＋人〉で「～と (いっしょに)」という意味です。

(2) 「私は ～ (の授業) があります」は I have ～. と言います。A, B, and C の形で「A と B と C」の意味になります。「何曜日ですか」は What day is it? と言います。

(3) 「～曜日です」と答えるときは It's ～. と言います。「木曜日」は Thursday。Tuesday は「火曜日」です。

(1) Work together.

(2) かばう［守る、保護する］

(3) おしては (いけない)

話しては (いけない)

※(3)の答えの順番は入れかわってもかまいません。

てびき

(1) work together は「いっしょに働く、協力する」という意味です。

(2) 真ん中の 2 つの文 Cover! と Hold on! は「～しなさい」という指示を表す文です。

(3) 下の 2 つの文 Don't push. は「おしてはいけません」、Don't talk. は「話してはいけません」という意味です。Don't ～. は「～してはいけません」という禁止の指示を表す文です。

62ページ　聞いて練習のワーク

❶ (1)○　(2)×　(3)○　(4)×

❷

	行　動	時　刻
(1)	起きる	（　6　）時
(2)	朝食を食べる	（　7　）時
(3)	宿題をする	（　5　）時
(4)	ふろに入る	（　8　）時
(5)	ねる	（　10　）時

てびき

❶ (1) listen to music（音楽を聞く）
(2) go to the movies（映画に行く）
(3) draw pictures（絵をかく）
(4) play cards（トランプをする）
すべて行動を表すことばです。

❷ What time do you 〜? は「あなたは何時に〜しますか」という意味です。〈at ＋時刻〉で答えます。get up（起きる）、have breakfast（朝食を食べる）などの行動を表すことばを覚えておきましょう。

📣 **読まれた英語**

❶ (1) I listen to music.
(2) I go to the movies.
(3) I draw pictures.
(4) I play cards.

❷ (1) What time do you get up?
　　— I get up at 6.
(2) What time do you have breakfast?
　　— I have breakfast at 7.
(3) What time do you do your homework?
　　— I do my homework at 5.
(4) What time do you take a bath?
　　— I take a bath at 8.
(5) What time do you go to bed?
　　— I go to bed at 10.

63ページ　まとめのテスト

❶ (1) always　　　　　たいてい、ふだん
(2) sometimes　　　　部屋をそうじする
(3) usually　　　　　ときどき
(4) never　　　　　　いつも
(5) walk my dog　　　イヌの散歩をする
(6) clean my room　　決して〜ない

❷ (1) It's 5 o'clock in the afternoon.

(2) I meet my friends.

てびき

❶ always、sometimes、usually、never など、頻度を表すことばの意味と使い方を覚えましょう。頻度が高い順に、always、usually、sometimes、never となります。walk my dog、clean my room は walk the dog、clean the room の形で使うこともあります。

❷ (1)「東京では何時ですか」という質問です。〈in ＋場所〉は「（ある場所）では」という意味です。It's〈時〉o'clock. で答えます。in the afternoon は「午後」という意味です。
(2)「あなたは自由な時間に何をしますか」という質問です。I〈行動を表すことば〉. の形で答えます。meet my friends は「友達に会う」という意味です。

72 ページ 聞いて練習のワーク

❶ (1) エ　(2) ア　(3) ウ　(4) イ

❷ (1)

Satoru

(2)

Emi

(3)

Ken

(4)

Yuki

てびき ❶ I can ～. で「わたしは～することができます」という意味です。can のあとの動作を表すことばを聞き取りましょう。
(1) play *shogi*（将棋をする）、(2) swim fast（速く泳ぐ）、(3) skate（スケートをする）、(4) jump high（高くとぶ）。「（スポーツ）をする」と言うとき、play を使うもの、do を使うもの、どちらも使わず 1 語で表すものがあります。
❷ What can you do? は「あなたは何をすることができますか」という意味です。I can ～. で答えます。
(1) speak English（英語を話す）、(2) play *kendama*（けん玉をする）、(3) ski（スキーをする）、(4) sing well（上手に歌う）。

📢 **読まれた英語**

❶ (1) I can play *shogi*.
　(2) I can swim fast.
　(3) I can skate.
　(4) I can jump high.
❷ (1) Satoru, what can you do?
　　— I can speak English.
　(2) Emi, what can you do?
　　— I can play *kendama*.
　(3) Ken, what can you do?
　　— I can ski.
　(4) Yuki, what can you do?
　　— I can sing well.

73 ページ まとめのテスト

1 (1) She　(2) can't　(3) What　(4) can

2 (1) Yes, I can.

(2) No, I can't.

(3) Yes, I can.

てびき **1** (1)「彼女は～することができます」は She can ～. と言います。He can ～. は「彼は～することができます」という意味です。She は女性について言うとき、He は男性について言うときに使います。
(2)「わたしは～することができません」は I can't ～. と言います。
(3)(4)「あなたは何をすることができますか」は What can you do? と言います。I can ～. で答えます。When は、「いつ」と時をたずねるときに使います。
2 (1)は「あなたはリコーダーをふくことができますか」、(2)は「あなたは料理をすることができますか」、(3)は「あなたはバレーボールをすることができますか」という質問です。メモの内容に合わせて、できることには Yes, I can. で、できないことには No, I can't. で答えます。

82 ページ　聞いて練習のワーク

❶ (1) ×　(2) ○　(3) ×　(4) ×

❷ (1) エ　(2) イ　(3) ウ　(4) ア

てびき

❶ (1) see は「見る、見える」。絵の「食べる」は eat を使います。

(2) buy は「買う」という意味です。

(3) delicious は「とてもおいしい」という意味です。絵の「美しい」は beautiful です。

(4) bridge は「橋」。絵の「公園」は park を使います。

❷ Where do you want to go? は「あなたはどこへ行きたいですか」という意味です。I want to go to〈場所〉. で答えます。

次のような、日本の有名な場所の言い方を覚えておきましょう。

(1) Yakushima Island（屋久島）

(2) Rokuonji Temple（鹿苑寺［金閣寺］）

(3) Nikko Toshogu Shrine（日光東照宮）

(4) Himeji Castle（姫路城）

island は「島」、temple は「寺」、shrine は「神社」、castle は「城」という意味です。

📢 読まれた英語

❶ (1) see　　(2) buy

(3) delicious　(4) bridge

❷ (1) Where do you want to go?

— I want to go to Yakushima Island.

(2) Where do you want to go?

— I want to go to Rokuonji Temple.

(3) Where do you want to go?

— I want to go to Nikko Toshogu Shrine.

(4) Where do you want to go?

— I want to go to Himeji Castle.

83 ページ　まとめのテスト

❶ (1) 湖　　(2) 公園　　(3) 花火

(4) すばらしい　(5) 有名な　(6) 冬

❷ (1) I want to go to Mie.

(2) I want to eat beef.

てびき

❶ 自然、状態・様子を表すことばを覚えましょう。「島」は island です。「花火」の firework は、fireworks と s をつけた形で使うことが多いです。

❷ (1)「あなたはどこへ行きたいですか」という質問です。I want to go to〈場所〉. で答えます。

(2) 行きたい場所を答えた相手に「なぜですか」と理由をたずねています。I want to eat beef. は「わたしは牛肉が食べたいです」という意味です。行きたい理由として質問に合うのは I want to eat 〜.（わたしは〜が食べたいです）です。行きたい理由の言い方としては、ほかに I want to see 〜.（わたしは〜が見たいです）、I want to buy 〜.（わたしは〜を買いたいです）などもあります。

Lesson 7　I'd like pizza.

90ページ　聞いて練習のワーク

❶ (1) イ　(2) ウ　(3) ア　(4) エ

❷ (1)

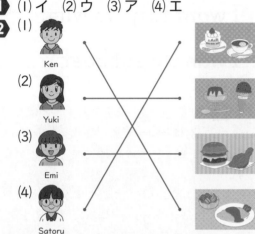

Ken
Yuki
Emi
Satoru

てびき

❶ 食べ物・飲み物を表すことばです。
(1) sandwich（サンドイッチ）
(2) milk（牛乳）
(3) spaghetti（スパゲッティ）
(4) soup（スープ）

❷ レストランなどで注文をとるとき What would you like?（何になさいますか）と言います。I'd like ～.（～をお願いします）で答えます。
(1) an omelet and salad（オムレツとサラダ）
(2) pudding and ice cream（プリンとアイスクリーム）
(3) a hamburger and fried chicken（ハンバーガーとフライドチキン）
(4) cake and tea（ケーキと紅茶）

📢 読まれた英語

❶ (1) sandwich　(2) milk
(3) spaghetti　(4) soup

❷ (1) Ken, what would you like?
　　— I'd like an omelet and salad.
(2) Yuki, what would you like?
　　— I'd like pudding and ice cream.
(3) Emi, what would you like?
　　— I'd like a hamburger and fried chicken.
(4) Satoru, what would you like?
　　— I'd like cake and tea.

91ページ　まとめのテスト

❶ (1) steak　(2) drink　(3) water
(4) seven hundred　(5) two hundred ten

❷ (1) would　(2) I'd
(3) Here

てびき

❶ (1) omelet は「オムレツ」、(2) soup は「スープ」、(3) tea は「紅茶、茶」、(4) seventy は「70」、(5) two hundred は「200」という意味です。

❷ (1)(2)「何になさいますか」は What would you like? と言います。I'd like ～. で答えます。
(3) 人に物を手わたして「はい、どうぞ」は Here you are. と言います。

93ページ　リーディングレッスン

(1) ① 心配しないで　② よい

(2) ・あやまるとき　　I'm sorry.

　　・お礼を言うとき　Thank you!

(3) もどら

てびき

(1) ① クマが言ったことばは Don't worry. です。② オオカミの最後のことば、I feel good. がオオカミの気分を表しています。

(2) あやまるときは、I'm sorry.（ごめんなさい）、お礼を言うときは、Thank you.（ありがとう）を使います。

(3) I have a good idea! は「よい考えがあるんだ！」という意味です。オオカミがウサギをだきかかえて、丸木橋を進む様子が絵にかかれています。

Lesson 8　Where is the station?

100ページ　聞いて練習のワーク

❶ (1) ×　(2) ×　(3) ×　(4) ○

❷ (1) ア　(2) イ

> **てびき**
>
> **❶** (1) library（図書館、図書室）、絵は post office（郵便局）。
> (2) museum（博物館、美術館）、絵は station（駅）。
> (3) classroom（教室）、絵は teachers' office（職員室）。
> (4) gym（体育館）
>
> **❷** Where is ～? は「～はどこですか」という意味で、道や場所をたずねるときに使います。
> (1) hospital（病院）への行き方をたずねています。Go straight.（まっすぐに行ってください）のあと、Turn left at the second corner.（2つめの角を左に曲がってください）と言っています。イ の場合は、Turn right at the first corner.（最初の角を右に曲がってください）となります。
> (2) science room（理科室）への行き方をたずねています。Turn right here. は「ここを右に曲がってください」、It's the third room on your right. は「右側の3つめの部屋です」という意味です。ア の場合は、Turn left here. It's the first room on your left.（ここを左に曲がってください。左側の1つめの部屋です）となります。

🔊 **読まれた英語**

❶ (1) library　　(2) museum
　　(3) classroom　(4) gym

❷ (1) Where is the hospital?
　　　— Go straight.　Turn left at the second corner.
　　(2) Where is the science room?
　　　— Turn right here.　It's the third room on your right.

101ページ　まとめのテスト

❶ (1) factory　　　　　トイレ
　　(2) restaurant　　　職員室
　　(3) police box　　　交番
　　(4) teachers' office　工場
　　(5) restroom　　　　レストラン

❷ (1) Where
　　(2) right
　　(3) second
　　(4) left

> **てびき**
>
> **❶** 町の中の施設や学校内の場所を表すことばをしっかり覚えましょう。
>
> **❷** (1)「～はどこですか」と場所をたずねるときは、Where is ～? と言います。when は、「いつ」と時をたずねるときに使います。
> (2)「～を右に曲がってください」は、Turn right at ～. と言います。「～を左に曲がってください」は、Turn left at ～. です。at that corner は「あの角を」で、「最初の角を」は at the first corner、「2つめの角を」は at the second corner と言います。
> (3) 部屋を案内するとき、「それは2つめの部屋です」は、It's the second room. と言います。「それは3つめの部屋です」は、It's the third room. です。
> (4)「それは左側にあります」は、It's on your left. と言います。「それは右側にあります」は、It's on your right. です。

聞いて練習のワーク

❶ (1) ○ (2) × (3) ○ (4) ×

❷ (1)

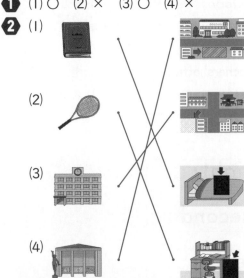

(2)

(3)

(4)

❶ (1) My cat is in the box.
  (2) My apple is by the table.
  (3) My dog is under the chair.
  (4) Our school is near the station.

❷ (1) Where is the book?
    — It's on the bed.
  (2) Where is the racket?
    — It's by the desk.
  (3) Where is the school?
    — It's near the temple.
  (4) Where is the museum?
    — It's in front of the library.

てびき ❶ in、under などの位置を表すことばに注意して、「何が」「どこに」あるかを正確に聞き取りましょう。
(1) in the box は「箱の中に」。in は「中に」。
(2) by the table は「テーブルのそばに」。by は「そばに」。
(3) under the chair は「いすの下に」。under は「下に」。
(4) near the station は「駅の近くに」。near は「近くに」。
❷ Where is ~? は、「~はどこにありますか[いますか]」という意味です。ここではものや建物についてたずねているので、It's〈場所〉. で答えます。
(1)「本はどこにありますか」「それはベッドの上にあります」
(2)「ラケットはどこにありますか」「それはつくえのそばにあります」、by は「そばに」。
(3)「学校はどこにありますか」「それは寺の近くにあります」、near は「近くに」。
(4)「博物館[美術館]はどこにありますか」「それは図書館の前にあります」、in front of ~ は「~の前に」。

まとめのテスト

❶ (1) box (2) chair (3) tree
  (4) under (5) by

❷ (1) | Where | is |
  (2) | It's | near |
  (3) | in |

てびき ❶ (1) bag は「かばん」、(2) table は「テーブル」、(3) museum は「博物館、美術館」、(4) on は「上に」、(5) in は「中に」という意味です。
❷ (1)「~はどこにありますか」は、Where is ~? と言います。what は「何」とたずねるときに使います。
(2) 答えるときは、It's〈場所〉. を使います。「近くに」は near です。under は「下に」という意味です。
(3)「~は…の前にあります」は、~ is in front of .... と言います。

Lesson 9　My Hero, My Dream Friend

114ページ　聞いて練習のワーク

❶ (1) ア　(2) ウ　(3) イ　(4) エ

❷ (1)

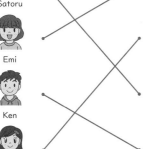
Satoru

(2)
Emi

(3)
Ken

(4)
Yuki

てびき

❶ This is ～.（こちらは～です）は人をしょうかいするときに使います。He is ～.（彼は～です）は男性について、She is ～.（彼女は～です）は女性について言う表現です。He と She に注意して音声を聞き、人の特ちょうを表すことばや得意なことを正しく聞き取りましょう。

(1)「こちらはリカです。彼女はかわいいです」、cute は「かわいい」という意味です。

(2)「こちらはリョウです。彼はかっこいいです」、cool は「かっこいい」という意味です。

(3)「こちらはヨウコです。彼女は料理が得意です」。She is good at ～. で「彼女は～が得意です」、cooking は「料理、料理をすること」という意味です。

(4)「こちらはコウタです。彼は水泳が得意です」。He is good at ～. で「彼は～が得意です」、swimming は「水泳、泳ぐこと」という意味です。

❷ This is ～. He[She] is ～. は、「こちらは～です。彼は[彼女は]～です」という意味です。名前と特ちょうをしょうかいしています。

(1) smart（利口な）
(2) brave（ゆうかんな）
(3) strong（強い）
(4) kind（親切な）

📢 読まれた英語

❶ (1) This is Rika. She is cute.
　(2) This is Ryo. He is cool.
　(3) This is Yoko. She is good at cooking.
　(4) This is Kota. He is good at swimming.

❷ (1) This is Satoru. He is smart.
　(2) This is Emi. She is brave.
　(3) This is Ken. He is strong.
　(4) This is Yuki. She is kind.

115ページ　まとめのテスト

❶ (1) great　　　　　おかしい
　(2) strong　　　　　体操
　(3) funny　　　　　強い
　(4) gymnastics　　　選手
　(5) player　　　　　すばらしい、すごい

❷ (1) She　　、kind

　(2) He　　、singing

てびき

❶ (1)～(3)は人の特ちょうを表すことばです。ほかにも、cute（かわいい）、brave（ゆうかんな）、などもいっしょに覚えましょう。

❷ (1) 女性について「彼女は～です」は、She is ～. と言います。「親切な」は kind。cool は「かっこいい」という意味です。very は「とても」と意味を強めるときに使うことばです。it は「それは」という意味で、前に出たものを指します。

(2) 男性について「彼は～が得意です」は、He is good at ～. と言います。「歌うこと」は singing。cooking は「料理、料理をすること」、dancing は「ダンス、踊ること」という意味です。

❶ (1) ○ (2) × (3) ○ (4) ×

❷ (1)

Taku

Yuki

Satoru

(4)
Saori

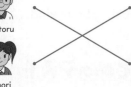

てびき

❶ (1) volleyball は「バレーボール」。

(2) table tennis は「卓球（たっきゅう）」。絵の「バドミントン」は badminton。

(3) softball は「ソフトボール」。

(4) swimming は「水泳、泳ぐこと」。絵の「ダンス、踊（おど）ること」は dancing。

❷ What are you good at? は「あなたは何が得（とく）意（い）ですか」という意味です。I'm good at ～. で答えます。

(1) dribbling は「（ボールを）ドリブルすること」。

(2) playing the piano は「ピアノをひくこと」。

(3) math は「算数」。

(4) English は「英語」。

📣 **読まれた英語**

❶ (1) volleyball (2) table tennis

(3) softball (4) swimming

❷ (1) Taku, what are you good at?

— I'm good at dribbling.

(2) Yuki, what are you good at?

— I'm good at playing the piano.

(3) Satoru, what are you good at?

— I'm good at math.

(4) Saori, what are you good at?

— I'm good at English.

❶ (1) 料理をすること (2) ラグビー

(3) 歌うこと (4) 踊ること

(5) バドミントン

❷ (1) I'm good at science.

(2) I'm good at soccer.

てびき

❶ 「卓球」は table tennis です。「卓球をする」は play table tennis と言います。(1)(3)(4)はそれぞれ cook（料理をする）、sing（歌う）、dance（踊る）に ing がついた形です。dance は dancing と、e をとったあとに ing がついた形なので注意しましょう。

❷ What are you good at?（あなたは何が得意ですか）には、I'm good at ～.（わたしは～が得意です）で答えます。メモから、ユミは「理科が得意」、シュンは「サッカーが得意」とわかります。

(1)「理科」は science。P.E. は「体育」という意味です。

(2)「サッカー」は soccer。I can play tennis. は「わたしはテニスをすることができます」という意味です。

夏休みのテスト

1 (1)○ (2)○ (3)× (4)×

2 (1)

アヤ — 7月12日 — ぼうし
ケンタ — 4月3日 — 自転車
サキ — 11月21日 — くつ

（Aya / Kenta / Saki）
4月3日 / 7月12日 / 11月21日

3 (1)イ、ウ (2)ア、エ
※答えの順番は入れかわってもかまいません。

4 (1)エリカ (2)赤（色） (3)ウサギ
(4)ドーナツ (5)トマト

5 (1)Nice (2)Do (3)don't
(4)What / Friday (5)study

6 (1)| cats | (2)| baseball |
(3)| December | (4)| bag |

てびき

1 (3) table tennis は「卓球」です。

2 My birthday is〈月〉〈日〉. でたんじょう日を、
I want 〜. でほしいものを答えています。
(1)July は「7月」、hat は「（ふちのある）ぼうし」。
(2)April は「4月」、bicycle は「自転車」。
(3)November は「11月」、shoes は「くつ」。

3 I have 〜. に続く教科名を聞き取りましょう。
(1)math and calligraphy は「算数と書写」。
(2)social studies and home economics は「社会科と家庭科」。

4 (1)Hello, my name is Erika.（こんにちは、わたしの名前はエリカです）と言っています。
(2)I like red.（わたしは赤が好きです）と言っています。
(3)I like rabbits very much.（わたしはウサギがとても好きです）と言っています。
(4)I like donuts.（わたしはドーナツが好きです）と言っています。
(5)I don't like tomatoes.（わたしはトマトが好きではありません）と言っています。

5 (1)「はじめまして」は Nice to meet you.。

---

(2)(3)「あなたは〜が好きですか」は Do you like 〜?。No で答えるときは No, I don't. です。
(4)「何が」とたずねるときは what を使います。「金曜日」は Friday。
(5)「勉強する」は study。

6 (1)「あなたは何の動物が好きですか」という質問です。「ネコ」は cats です。
(2)「あなたは何のスポーツが好きですか」という質問です。「野球」は baseball です。
(3)「あなたのたんじょう日はいつですか」という質問です。「12月」は December です。August は「8月」です。
(4)「あなたはたんじょう日に何がほしいですか」という質問です。「かばん」は bag です。cap は「（ふちのない）ぼうし」です。

📢 読まれた英語

1 (1) baseball (2) soccer
(3) table tennis (4) dodgeball

2 (1) Aya, when is your birthday?
— My birthday is July 12th.
What do you want for your birthday?
— I want a hat.
(2) Kenta, when is your birthday?
— My birthday is April 3rd.
What do you want for your birthday?
— I want a bicycle.
(3) Saki, when is your birthday?
— My birthday is November 21st.
What do you want for your birthday?
— I want shoes.

3 (1) I'm Naoto. I have math and calligraphy on Wednesday.
(2) I'm Kana. I have social studies and home economics on Wednesday.

4 Hello, my name is Erika. I like red. I like rabbits very much. I like donuts. I don't like tomatoes.

1 (1) × (2) ○ (3) × (4) ○

2 (1)～(3)

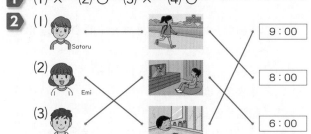

Satoru	9:00
Emi	8:00
Ken	6:00

3 (1) ア、ウ　　(2) イ、エ

※答えの順番は入れかわってもかまいません。

4 (1) 山梨（やまなし）　(2) 秋　　(3) 友達
(4) ブドウ　　(5) 富士山（ふじさん）

5 (1) morning　(2) would
(3) like
(4) She　　can

6 (1) get up　(2) go to bed
(3) walk my dog
(4) wash the dishes
(5) read books

てびき

1 (1) skate は「スケートをする」、
(2) omelet は「オムレツ」、(3) winter は「冬」、
(4) soup は「スープ」。

2 What time do you ～?（あなたは何時に～しますか）という質問（しつもん）に、I ～ at〈時刻（じこく）〉.（わたしは…時に～します）と答えています。
(1) go to school は「学校へ行く」、(2) take a bath は「ふろに入る」、(3) watch TV は「テレビを見る」。

3 I can ～. に続く動作を表すことばを聞き取りましょう。
(1) cook は「料理をする」、play the piano は「ピアノをひく」。
(2) dance well は「上手に踊る（じょうず・おど）」、play the guitar は「ギターをひく」。

4 (1)(2)(3) I want to go to Yamanashi in autumn with my friends.（わたしは秋に友達と山梨

に行きたいです）と言っています。
(4) We can eat grapes.（わたしたちはブドウを食べることができます）と言っています。
(5) We can see Mt. Fuji, too.（わたしたちは富士山を見ることもできます）と言っています。

5 (1)「午前」は in the morning。「午後」は in the afternoon です。
(2)「何になさいますか」とレストランで注文をとるときは What would you like? と言います。
(3)「～をお願いします」は I'd like ～. です。
(4)「彼女（かのじょ）は～することができます」は She can ～. と言います。「彼（かれ）は～することができます」は He can ～. と言います。

6 (1)「起きる」は get up です。
(2)「ねる」は go to bed です。
(3)「イヌの散歩をする」は walk my dog です。
(4)「皿をあらう」は wash the dishes です。
(5)「本を読む」は read books です。

読まれた英語

1 (1) skate　　(2) omelet
(3) winter　　(4) soup

2 (1) Satoru, what time do you go to school?
— I go to school at 8.
(2) Emi, what time do you take a bath?
— I take a bath at 9.
(3) Ken, what time do you watch TV?
— I watch TV at 6.

3 (1) Hello, I'm Mao. I can cook. I can play the piano, but I can't sing well.
(2) Hi, I'm Tomoki. I can dance well. I can play the guitar, but I can't play the piano.

4 Hello, I'm Yuri. I want to go to Yamanashi in autumn with my friends. We can eat grapes. We can see Mt. Fuji, too. It's fun.

1 (1)○ (2)× (3)× (4)○

2 (1) Satoru (2) Saori (3) Kenta

3 (1)エ (2)オ (3)ウ (4)ア

4 (1)お母さん［母（親）］ (2)親切（な）
(3)歌う (4)ギターをひく
(5)なわとびをする

5 (1)don't (2)Can (3)September
(4)enjoy (5)right / third

6 (1) hospital (2) science
(3) museum (4) dancing

てびき **1** (1)castle は「城」、(2)classroom は
「教室」、(3)chair は「いす」、(4)firework は「花
火」。

2 (1)「スーパーマーケットはどこにありますか、
サトル」「それは図書館の前にあります」
(2)「郵便局（ゆうびんきょく）はどこにありますか、サオリ」「そ
れは寺の近くにあります」
(3)「わたしの T シャツはどこにありますか、ケ
ンタ」「それはベッドの上にあります」

3 He［She］is good at ～.（彼（かれ）［彼女（かのじょ）］は～が得（とく）
意（い）です）に続くことばを聞き取りましょう。
(1)「彼はサッカーが得意です」
(2)「彼女は料理が得意です」
(3)「彼は水泳が得意です」
(4)「彼女は音楽が得意です」

4 (1)This is my mother.（こちらはわたしのお
母さんです）としょうかいしています。
(2)She is kind.（彼女は親切です）と言ってい
ます。
(3)She is good at singing.（彼女は歌うことが
得意です）と言っています。
(4)(5)She can play the guitar, but she can't
jump rope.（彼女はギターをひくことはでき
ますが、なわとびをすることはできません）
と言っています。

5 (1)「わたしは～が好きではありません」は I
don't like ～. です。
(2)「あなたは～することができますか」とたず
ねるときは Can you ～? です。
(3)「9 月」は September。November は「11 月」。
(4)「楽しむ」は enjoy。eat は「食べる」。
(5)「右に曲がる」は turn right。left は「左に」
です。「3 つめの」は third。second は「2 つ
めの」。

6 (1)「あなたの家はどこにありますか」という質
問（しつもん）です。「病院の近く」は near the hospital。
(2)「あなたは何の教科が好きですか」という質
問です。「理科」は science です。
(3)「あなたはどこへ行きたいですか」という質
問です。「美術館（びじゅつかん）」は museum です。
(4)「あなたは何が得意ですか」という質問です。
「踊（おど）ること」は dancing です。

📢 読まれた英語

1 (1)castle (2)classroom
(3)chair (4)firework

2 (1)Where is the supermarket, Satoru?
— It's in front of the library.
(2)Where is the post office, Saori?
— It's near the temple.
(3)Where is my T-shirt, Kenta?
— It's on the bed.

3 (1)This is Kota. He can run fast. He is
good at soccer.
(2)This is Marina. She is smart. She is
good at cooking.
(3)This is Masaki. He is strong. He is
good at swimming.
(4)This is Miyuki. She can play the piano.
She is good at music.

4 Hello, I'm Maki. This is my mother. She
is kind. She is good at singing. She can
play the guitar, but she can't jump rope.

① family
② father
③ sister
④ steak
⑤ spaghetti
⑥ fried chicken
⑦ recorder
⑧ guitar
⑨ drum
⑩ dodgeball
⑪ badminton
⑫ volleyball
⑬ chair
⑭ glove
⑮ calendar
⑯ English
⑰ Japanese
⑱ math
⑲ Sunday
⑳ Wednesday
㉑ Friday
㉒ spring
㉓ summer
㉔ fall
㉕ winter
㉖ January
㉗ July
㉘ December
㉙ America
㉚ Japan
㉛ doctor
㉜ teacher
㉝ gym
㉞ station
㉟ big
㊱ kind
㊲ like
㊳ go to school